Diederichs bei Heyne

Die Völsungen-Saga

Nordische Nibelungen

WILHELM HEYNE VERLAG
MÜNCHEN

HEYNE ALLGEMEINE REIHE
Nr. 01/10160

Umwelthinweis:
Dieses Buch wurde auf
chlor- und säurefreiem Papier gedruckt.

Copyright © 1993 by Eugen Diederichs Verlag, München
Abdruck der Texte nach Sammlung Thule, Bd. 21
»Isländische Heldenromane«, Jena 1923
Herausgegeben und mit einem Nachwort von Ulf Diederichs
Genehmigte Lizenzausgabe 1996
Wilhelm Heyne Verlag GmbH & Co. KG, München
Printed in Germany 1996
Umschlaggestaltung: init. Büro für Gestaltung, Bielefeld
Umschlagabbildung: Archiv für Kunst und Geschichte, Berlin
Gesamtherstellung: Ebner Ulm

ISBN 3-453-11998-3

Inhalt

DIE GESCHICHTE VON DEN VÖLSUNGEN 7

Sigi und Rerir 9 · Völsungen Geburt 11 · Odins Siegesschwert 13
Siggeirs Heimfahrt 14 · Tod Königs Völsungen und seiner Söhne.
Sigismunds Errettung 15 · Signys Söhne 18 · Signy empfängt
Sinfjötli 19 · Sigmund und Sinfjötli legen die Wolfsbälge an 21
Helgi vermählt sich mit Sigrun 26 · Von den Völsungen 29
Sigmunds Siegesschwert zerspringt an Odins Speer 31 · Sigmunds Tod, Hjördis Gefangennahme 33 · Sigurds Geburt 35
Die Vorgeschichte des Hortes 38 · Die Schwert-Schmiedung 40
Gripir kündet Sigurd sein künftiges Geschick 41 · Sigurd erschlägt Lyngvi, Hjörvard und alle drei Brüder 42 · Regin und
Sigurd reiten 44 · Regin trinkt Fafnirs Blut 47 · Sigurd ißt das
Drachenherz 48 · Sigurd und Brynhild 49 · Brynhilds weise
Ratschläge 55 · Sigurds Aussehen 56 · Sigurd kommt zu Heimir 58 · Sigurd Gespräch mit Brynhild 59 · König Gjuki und
seine Söhne 61 · Gudruns Traum wird von Brynhild gedeutet 63
Sigurds Ankunft bei den Gjukungen. Vergessenheitstrank.
Schwurbruderschaft. Heirat mit Gudrun 64 · Sigurd durchreitet
Brynhilds Waberlohe. Hochzeit Gunnars 66 · Zank der Königinnen Brynhild und Gudrun 69 · Brynhilds Harm nimmt noch
zu 72 · Sigurd wird verraten 76 · Brynhilds Bitte 81 · Gudrun geht
von dannen 82 · Gudrun ritzt Runen 86 · Högni deutet die
Träume seiner Frau 88 · Der Auszug der Brüder 89 · Der Kampf
in der Burg 91 · Högni wird gefangengenommen 93 · Atlis
Unterredung mit Gudrun 95 · Von Gudrun 98 · Svanhild wird
vermählt und von Rossen zu Tode getreten 99 · Gudrun treibt
ihre Söhne an, Svanhild zu rächen 100 · Von Gudruns Söhnen 101

DIE GESCHICHTE VON RAGNAR LODBROK 103

Die Jugendgeschichte Aslaugs, der Tochter Sigurds und Brynhilds 105 · Thoras Lindwurm 108 · Ragnar Lodbroks Drachenkampf 109 · Ragnars und Thoras Vermählung 112 · Ragnar findet Kraka-Aslaug 113 · Ragnars und Krakas Hochzeit 117 · Ivar ohne Knochen 120 · Rögnvalds Tod 121 · Ragnar und Ingibjörg, König Eysteins Tochter. Aslaug enthüllt ihre Abstammung. Sigurd »Wurm im Auge« 123 · König Eystein und die Ragnarssöhne 127 Aslaugs und der Ragnarssöhne Heerfahrt nach Schweden 135 Kampf in Schweden. König Eysteins Fall 136 · Die Ragnarssöhne erobern Vifilsborg 138 · Die Ragnarssöhne wollen Rom berennen 140 · Ragnars Zug nach England, sein Tod 141 · Die Ragnarssöhne erfahren vom Tod ihres Vaters. Erster Rachezug nach England 147 · Ivar gründet London. König Ellas Tod 151 Der Tod der Ragnarssöhne 154 · Von zwei Männern, die unter Ragnars Söhnen gedient hatten 155 · Der Holzmann 158

Die Geschichte von den Völsungen

Sigi und Rerir

Hier wird angefangen und erzählt von dem Manne, der Sigi genannt war, und es wird von ihm gesagt, daß er Odins Sohn hieß. Ein anderer Mann wird in der Geschichte erwähnt, der Skadi hieß, er war mächtig, stark und tüchtig, aber doch war Sigi von ihnen der mächtigere und vornehmeren Geschlechts, wie die Menschen in jener Zeit sagten. Skadi hatte einen Knecht, der kurz in der Geschichte zu erwähnen ist, er hieß Bredi; er war verständig in dem, was er anfangen sollte; er besaß Fertigkeiten und Geschicklichkeiten in demselben Maße wie die, die sich bedeutender dünkten oder noch etwas mehr als manche.

Das muß nun erzählt werden, daß Sigi einmal auf die Jagd ging, und der Knecht mit ihm, und sie jagten den ganzen Tag bis zum Abend. Aber als sie am Abend ihre Beute zusammenbrachten, da hatte Bredi weit mehr und größeres erjagt als Sigi, was ihm übel gefiel, und er sagte, er wundere sich, daß ein Knecht ihn im Waidwerk übertreffen sollte, lief deshalb auf ihn zu und erschlug ihn, dann verbarg er die Leiche in einer Schneewehe.

Darauf kam er am Abend heim und sagte, daß Bredi im Walde von ihm geritten wäre, »und er war mir auf einmal aus den Augen, und ich weiß nichts von ihm«. Skadi beargwöhnte Sigis Aussage und vermutete, es würde Trug von ihm sein, und Sigi würde ihn wohl erschlagen haben. Er besorgte Leute, ihn zu suchen, und das Suchen endete damit, daß sie ihn in einem Schneehaufen fanden. Skadi sagte, daß man diese Schneewehe fortan Bredis Schneewehe nennen sollte. Das hält man seitdem so und nennt jede Schneewehe so, die groß ist.

Da kam es aus, daß Sigi den Knecht erschlagen und den Ermordeten versteckt hatte, und man nannte ihn Wolf an der Weihestätte[1], und er durfte jetzt nicht in der Heimat bleiben bei seinem Vater.

Odin geleitete ihn daher aus dem Lande fort, so lange Wege, daß es sehr weit war, und nicht eher ließ er ab, als bis er ihm zu Heerschiffen verhalf. Nun begann Sigi sich auf Heerfahrten zu legen

[1] D. h. friedloser Mann im Heiligtum, der von jedermann erschlagen werden konnte.

mit dem Gefolge, das ihm sein Vater gegeben hatte, ehe sie schieden, und er war siegreich auf seinen Heerfahrten. So ging es mit seiner Sache, daß er sich schließlich auf dem Plünderungszuge Land und Reich erwarb. Darauf nahm er sich eine vornehme Frau und ward ein mächtiger, starker und tüchtiger König; er herrschte über Hunenland[1] und war ein gewaltiger Krieger. Er hatte mit seiner Frau einen Sohn, der hieß Rerir; er wuchs da auf bei seinem Vater und ward bald groß von Wuchs und tüchtig. Nun wurde Sigi ein alter Mann an Jahren. Er hatte viele Feinde, so daß ihn endlich die angriffen, denen er am meisten traute, und das waren die Brüder seiner Frau[2]. Sie ließen ihn überfallen, als er es am wenigsten vermutete und nur ein kleines Gefolge bei sich hatte, und überwältigten ihn durch ihre Übermacht – in diesem Kampfe fiel Sigi mit seinem ganzen Hofgesinde.

Sein Sohn Rerir war nicht in dieser Gefahr, und er empfing ein so großes Heer von seinen Freunden und Landeshäuptlingen, daß er sich beides, Land und Königtum, nach seinem Vater Sigi zueignete; und als er glaubte, in seinem Reiche festen Fuß gefaßt zu haben, da erinnerte er sich der Händel, die er mit seinen Mutterbrüdern hatte, die seinen Vater erschlagen hatten. Der König sammelte sich ein großes Heer und zog mit diesem Heere gegen seine Verwandten; es schien ihm, sie hätten es vorher gegen ihn verschuldet, wenn er ihre Verwandtschaft geringschätzte. Das tat er denn: er hörte nicht ehr auf, als bis er alle Mörder seines Vaters erschlagen hatte, so unnatürlich es auch in jeder Hinsicht war. Darauf eignete er sich ihr Land, ihr Reich und Gut zu und wurde jetzt mächtiger als sein Vater.

Rerir machte da große Kriegsbeute und nahm sich dann eine Frau, die er für sich passend glaubte. Sie lebten sehr lange zusammen, bekamen aber weder einen Erben noch ein Kind. Das gefiel ihnen wenig, und sie baten die Götter mit großer Inbrunst, daß sie Kinder bekämen. Das wird erzählt, daß Frigg[3] ihre Bitte hörte und Odin ebenfalls, um was sie baten. Er wurde nicht rat-

---

[1] Damit ist ein Teil des alten Niedersachsen, Westfalen, gemeint. [2] Wahrscheinlich hatte er den Vater seiner Frau im Kampfe erschlagen, ehe er sich mit ihr vermählte, und die Söhne nahmen jetzt Vaterrache. [3] Göttin und Hüterin der Ehe, wie Fricka.

los. Odin rief seine Wunschmaid[1], die Tochter des Riesen Hrimmir, gab ihr einen Apfel in die Hand und befahl ihr, den dem Könige zu bringen[2]. Sie nahm den Apfel in Empfang, nahm die Gestalt einer Krähe an und flog, bis daß sie dahin kam, wo der König war und auf einem Hügel saß[3]. Sie ließ den Apfel dem König aufs Knie fallen. Der nahm den Apfel und glaubte zu wissen, was das bedeuten sollte. Er ging dann heim von dem Hügel zu seinen Mannen, suchte darauf die Königin auf, und sie aß etwas von dem Apfel.

Völsungs Geburt

Das ist nun zu erzählen, daß die Königin bald empfand, daß sie mit einem Kinde ginge; aber es verging lange Zeit, ohne daß sie das Kind gebären konnte. Da ereignete es sich, daß Rerir auf eine Heerfahrt ziehen mußte, wie es bei Königen Sitte ist, ihrem Lande Frieden zu verschaffen. Auf dieser Fahrt begab es sich, daß Rerir krank wurde und starb darauf und wollte Odin heimsuchen[4] – vielen erschien das wünschenswert in jener Zeit. Nun ging es ebenso weiter mit der Krankheit der Königin, daß sie das Kind nicht gebären konnte, und es währte sechs Winter, daß sie dies Leiden hatte. Da erkannte sie, daß sie nicht lange leben würde, und gebot, daß man ihr das Kind ausschneiden sollte[5]; so wurde es ausgeführt, wie sie befohlen hatte; es war ein Knabe, und der Knabe war groß an Wuchs, wie zu erwarten war. So wird erzählt, daß der Knabe seine Mutter küßte, ehe sie starb; ihm wurde nun ein Name gegeben, und er wurde Völsung[6] genannt;

---

[1] Walküre. »Wunsch-Maid warst du mir: gegen mich doch hast du gewünscht« (VI, 72). [2] Bekanntes Märchenmotiv. [3] Hügel werden oft als Sitze von Königen genannt. [4] In Walhall sterben. [5] Wie Cäsar oder Macduff. Aus der Saga und aus einem isländischen Gesetze des 14. Jahrhunderts, das den Kaiserschnitt an toten Frauen verbot, darf man wohl schließen, daß diese Operation im Norden bekannt war. [6] Der ursprüngliche Name des Stammvaters Walse, Wälse, altnordisch Völsi, ist durch das Patronymicon Völsung (Nachkomme des Völsi) verdrängt. Die Walisunge-Wälsunge sind nicht »die auserwählten«, »erlesene Abkömmlinge« des Gottes, beweisen also nicht, daß Wodans Eingreifen in die Geschicke des Geschlechts bereits aus der fränkischen Ursage stammt, sondern »die Abkömmlinge des Walse«. Walse ist »der Echte«, doch kann auch Zusammenhang bestehen mit dem Völsi, dem Glied des geschlachteten Haushengstes, von dessen Verehrung noch in christlicher Zeit uns ein eigenartiges, altes Denkmal erzählt (Edda Bd. 2, 184–186).

er war König über Hunenland nach seinem Vater; er wurde früh groß und stark und mutig in allem, worin eine Probe der Mannhaftigkeit und des Heldentums zu liegen schien; er wurde der größte Kriegsmann und war siegreich in allen Schlachten, die er auf seinen Heerfahrten schlug.

Als er zum Mannesalter herangereift war, sandte ihm Hrimnir seine Tochter Hljod, die vorhin erwähnt ist, als sie den Apfel zu Rerir brachte, dem Vater Völsungs; er nahm sie zur Frau[1], und sie lebten lange miteinander, ihr Zusammenleben war gut. Sie zeugten der Söhne zehn und eine Tochter, Sigmund hieß ihr ältester Sohn, Signy hieß die Tochter; sie waren Zwillinge[2] und waren in allen Dingen die vortrefflichsten und schönsten von den Kindern König Völsungs, und doch waren alle gewaltige Helden, wie es lange im Gedächtnis festgehalten und laut gepriesen ist, welch' überaus kampflustige Männer die Völsunge gewesen sind, und wie sie die meisten Männer übertroffen haben, deren gedacht wird in alten Geschichten, sowohl an Weisheit als an Fertigkeiten und eifrigem Streben aller Art.

So wird erzählt, daß König Völsung eine herrliche Halle herstellen ließ, und zwar in der Weise, daß eine mächtige Eiche in der Mitte stand[3]; die Zweige des Baumes ragten mit ihren schönen Blättern über das Dach der Halle hinaus, der Stamm aber reichte hinab in die Halle, und man nannte ihn »Kinderbaum«[4].

---

[1] Wie Hljod den Mann heiratet, der durch sie das Licht der Welt erblickt hat, so liebt Brünnhilde Siegfried, dessen Vater sie geschirmt und den sie selbst am Leben noch vor der Geburt erhalten hat. [2] Zu Zwei kam ich zur Welt, eine Zwillingsschwester und ich (VI, 7). [3] Walküre, Erster Aufzug. [4] In alten Zeiten war es Brauch, die Wohnung bei oder unter laubreichen, schattigen Bäumen zu errichten, die so mitten in das Haus zu stehen kamen – daran ist der »Kinderbaum« eine Erinnerung, daher stammt auch die Weltesche. Mit den Früchten dieses Schutzbaumes räucherte man bei Entbindungen, später umfaßten ihn Schwangere in ihrer Not – daher der Name. Der Erzähler, der das nicht mehr wußte, scheint geglaubt zu haben, daß er dem Samen des wunderbaren Apfels entsproßt war, dem Völsung seine Geburt verdankte. Die Änderung von barnstock, »Kinderstamm«, in brandstock, »Schwertstamm«, weil Odin das Schwert hineinstieß, ist lockend, aber nicht nötig.

Odins Siegesschwert

Siggeir hieß ein König, er herrschte über Gautland[1]; er war ein mächtiger König und hatte viele Mannen. Er suchte König Völsung auf und bat ihn um Signys Hand. Der König nahm diesen Antrag wohl auf und ebenfalls seine Söhne, aber sie selbst zeigte wenig Lust, doch bat sie ihren Vater darüber zu entscheiden, wie über alles andere, was sie beträfe. Dem König aber schien es rätlich, sie zu vermählen, und so wurde sie dem König Siggeir verlobt. Und wenn diese Hochzeit und Heirat stattfinden sollte, dann sollte König Siggeir das Gastmahl König Völsungs besuchen.

Der König rüstete die Hochzeit nach besten Kräften zu. Und als das Gastmahl völlig bereit war, kamen die Gäste König Völsungs und ebenfalls König Siggeirs an dem bestimmten Tage dorthin, und König Siggeir hatte manchen angesehenen Mann bei sich. So wird erzählt, daß da große Feuer angezündet waren die ganze Halle entlang; der stattliche Stamm stand mitten in der Halle, wie zuvor angegeben wurde. Nun wird erzählt: als die Männer am Abend bei den Feuern saßen, da trat ein Mann herein in die Halle, unbekannt allen von Aussehen. Folgendermaßen war er gekleidet: er hatte einen fleckigen Mantel um, er war barfüßig und trug Leinenhosen, die am Bein zusammengeknüpft waren; auf dem Haupte hatte er einen lang herabhängenden Hut; er war sehr hochgewachsen und alt und einäugig[2]. Dieser Mann hatte ein Schwert in der Hand und ging nach dem Kinderbaume; er schwang das Schwert und stieß es in den Stamm, so daß das Schwert bis an den Griff eindrang. Allen Männern versagte die Stimme dem Greise gegenüber. Da nahm er das Wort und sagte: »Wer dieses Schwert aus dem Stamme zieht, der soll es von mir als Geschenk erhalten, und er soll selbst als wahr beweisen, daß

---

[1] Götaland in Südschweden. [2] Es ist Odin, der in der norwegischen Volkssage und isländischen Sagaliteratur in dieser Gestalt den Menschen erscheint. Meist ist der Mantel von blauer Farbe, die charakteristische Tracht der Häuptlinge. Darum schreibt Wagner ursprünglich: »ein Greis in blauem Gewand« (einen blauen Mantel trägt Wotan als Wanderer), in der Partitur und der Ringausgabe von 1876 aber dem Stabreim zuliebe: »ein Greis in grauem Gewand«.

er niemals eine bessere Waffe in der Hand gehalten hat als diese ist.« Hierauf ging der alte Mann aus der Halle, und niemand wußte, wer er war oder wohin er ging. Nun standen sie auf und überließen es nicht einander, das Schwert herauszuziehen, und der glaubte es am besten zu haben, der es zuerst ergreifen durfte. Da gingen die vornehmsten Männer zuerst hinzu, dann der eine nach dem andern. Keiner aber kam hinzu, der es erlangen durfte, denn es rührte sich nicht im geringsten, als sie danach griffen. Da trat Sigmund hinzu, König Völsungs Sohn, packte das Schwert und zog es aus dem Stamme, und es war, wie wenn es los da läge vor ihm[1]. Diese Waffe dünkte alle so gut, daß niemand glaubte, je ein gleich gutes Schwert gesehen zu haben, und Siggeir bot ihm an, es mit dem dreifachen Gewicht an Gold aufzuwiegen. Sigmund aber sagte: »Du konntest dieses Schwert ebensogut nehmen wie ich, da wo es stak, wenn es dir geziemte, es zu tragen; jetzt aber erhältst du es nimmer, wenn du auch dafür alles Gold anbietest, das du hast.« König Siggeir ergrimmte über diese Worte, und es dünkte ihn spöttisch gesprochen zu sein. Weil es aber so beschaffen mit ihm war, daß er ein heimtückischer Mensch war, so stellte er sich so, wie wenn er auf diese Worte nicht achtete; aber noch denselben Abend ersann er eine Vergeltung dafür, eine Rache, die später ausgeführt wurde.

Siggeirs Heimfahrt

Nun ist zu erzählen, daß König Siggeir diesen Abend Beilager hielt mit Signy. Am nächsten Tage war das Wetter gut. Da sagte König Siggeir, daß er heimfahren und nicht warten wollte, bis sich Wind erhöbe oder die See unfahrbar würde. Es wird nicht erwähnt, daß König Völsung oder seine Söhne ihn abhielten, zumal da er sah, daß er nichts anderes wollte als von der Hochzeit

---

[1] Entfernt erinnert an Odinas Schwert, das nur Sigmund gewinnen kann, die Besitzergreifung der ihnen vom Vater bestimmten Waffen durch die Brüder Elgfrodi, Thorir und Bödvar (Hrolf Kraki, Erzählung von Bödvar Bjarki). Daher die Axtprobe in Freytags »Nest der Zaunkönige«, Kap. 5. Sieglindes Erzählung ist wesentlich tiefer und ergreifender, weil weder sie noch Sigmund wissen, daß es ihr Vater Wälse-Wotan selbst war.

heimfahren. Da sagte Signy zu ihrem Vater: »Nicht möchte ich mit Siggeir abreisen, und nicht will mein Herz ihm entgegenlachen; durch Vorahnung, die ja eine Eigentümlichkeit unseres Geschlechts ist, weiß ich, daß uns aus dieser Heirat großes Leid entstehen wird, wenn diese Ehe nicht bald gelöst wird.« »Nicht sollst du also reden, Tochter«, erwiderte er, »denn es wäre eine große Schmach für ihn sowohl als auch ebenfalls für uns, hierin ihm treulos zu werden ohne Grund; und wir haben keine Treue und Freundschaft von ihm zu erwarten, wenn wir sie brechen, und er wird es uns mit Bösem vergelten, soviel er kann; das allein geziemt es unserseits zu halten.«

Darauf rüstete sich König Siggeir zur Heimfahrt. Ehe sie von dem Gastgebot hinwegfuhren, lud er König Völsung, seinen Schwiegervater, zu sich nach Gautland ein und alle seine Söhne mit ihm, in der Frist von drei Monden, samt all dem Gefolge, das er mit sich nähme und das mitzuführen ihm zur Ehre gereichte. König Siggeir wollte damit wieder gutmachen, woran es der Hochzeitsfeier fehlte; denn er hatte nicht länger als eine Nacht bleiben wollen, und so zu verfahren ist doch nicht Sitte der Männer. Nun versprach König Völsung die Reise und am bestimmten Tage zu kommen. Da schieden Schwiegervater und Schwiegersohn, und König Siggeir fuhr heim mit seiner Frau.

Tod König Völsungs und seiner Söhne. Sigmunds Errettung

Nun ist von König Völsung und seinen Söhnen zu sagen, daß sie zur festgesetzten Zeit gen Gautland reisten zum Gastgebote König Siggeirs, ihres Schwagers. Sie fuhren vom Lande mit drei Schiffen, und diese waren alle wohlbemannt. Sie hatten eine recht glückliche Fahrt und kamen mit ihren Schiffen nach Gautland; da war es spät am Abend.

Denselben Abend kam Signy, König Völsungs Tochter, rief ihren Vater und ihre Brüder zum Zwiegespräche und sagte ihnen König Siggeirs Absicht, daß er ein unüberwindliches Heer zusammengezogen habe, »und sinnt Verrat wider euch. Nun bitte ich euch«, fuhr er fort, »daß ihr sogleich wieder in euer Reich reist, sammelt soviel Mannen wie möglich, kehrt sodann hierher zurück und rächt euch selbst; gehet nicht in diese Gefahr, denn nicht entrinnt ihr seinem Verrate, wenn ihr nicht zu dieser List greift, zu der ich euch auffordere.« Da erwiderte König Völsung: »Davon wird alle Welt rühmend reden, daß ich noch ungeboren ein Wort sprach und das Gelübde tat, daß ich weder Feuer noch Eisen aus Furcht fliehen wollte, und so habe ich bisher gehandelt – warum sollte ich es nicht auch im hohen Alter tun? Nimmer sollen die Jungfrauen meinen Söhnen bei den Spielen vorwerfen, daß sie den Tod fürchteten; denn einmal muß jeder sterben, und keiner kann dem entgehen, daß er einmal sterbe. Darum ist mein Rat, daß wir keineswegs fliehen, sondern unsere Hände so kühn wie möglich gebrauchen. Hundertmal hab ich in der Feldschlacht gefochten, und habe bald mehr Heervolk gehabt, bald minder, immer doch hab ich den Sieg erzwungen – niemals soll es bekannt werden, daß ich fliehe oder um Frieden bitte.« Da weinte Signy bitterlich und bat, daß sie nicht zu König Siggeir zurückzukehren brauchte. König Völsung antwortete: »Sicherlich sollst du zu deinem Manne heimfahren und bei ihm bleiben, wie es uns auch ergeht.« Da ging Signy heim, sie aber blieben die Nacht über zurück bei den Schiffen. Am Morgen aber, als der Tag anbrach, hieß König Völsung alle seine Mannen aufstehen, hinauf aufs Land gehen und sich zum Kampfe fertig machen. Nun gingen sie alle in voller Rüstung hinauf aufs Land und hatten nicht lange zu warten, bis daß König Siggeir kam mit seinem ganzen Heere. Da entbrannte zwischen ihnen die härteste Schlacht. Der König ermunterte selber zum Angriff aufs härteste, und so wird erzählt, daß König Völsung und seine Söhne achtmal an dem Tage die Schlachtordnung König Siggeirs durchbrachen und nach beiden Seiten schlugen. Und als sie dachten, nochmals so durch die feindliche Schar zu fahren, da fiel König Völsung inmitten seiner Schlachtordnung und sein ganzes Gefolge mit ihm außer seinen zehn Söhnen; denn eine weit größere Übermacht stand ihnen gegenüber, als daß sie ihr hätten Widerstand leisten können. Da wurden alle seine Söhne gefangengenommen, in

Bande geschlagen und fortgeführt. Signy ward gewahr, daß ihr Vater erschlagen war, ihre Brüder gefangengenommen und zum Tode bestimmt. Da rief sie König Siggeir zum Zwiegespräch und sagte: »Darum will ich dich bitten, daß du meine Brüder nicht so bald töten lässest; laß sie lieber in den Stock[1] setzen. Es geht mir, wie es im Sprichwort heißt, daß das Auge zufrieden ist, solange es den Anblick hat; ich bitte aber deshalb nicht länger für sie, weil ich glaube, daß es mir nichts nützen werde.« Da antwortete Siggeir: »Toll bist du und töricht, daß du für deine Brüder ein größeres Übel erbittest, denn daß sie erschlagen werden. Doch dein Wunsch sei dir gewährt; desto besser scheint es mir, je Schlimmeres sie erdulden und je längere Todesqual sie erleiden.«

Er gebot zu tun, um was sie gebeten: ein mächtiger Baumstamm wurde genommen und den zehn Brüdern an einer Stelle im Walde an die Füße gelegt. Dort saßen sie den ganzen Tag bis zur Nacht. Aber um Mitternacht kam eine alte Wölfin dorthin zu ihnen, wo sie im Block saßen, die war groß und grausig anzusehen; es ereignete sich, daß sie einen von ihnen zu Tode biß, sodann fraß sie ihn völlig auf und ging dann fort. Aber am Morgen darauf sandte Signy zu ihren Brüdern einen Mann, dem sie am meisten vertraute, um zu erfahren, was geschehen wäre. Und als er zurückkam, berichtete er ihr, daß einer von ihnen tot wäre. Schrecklich schien es ihr, wenn alle auf diese Art sterben sollten, aber helfen konnte sie ihnen nicht. Kurz ist davon zu berichten: neun Nächte hintereinander kam dieselbe Wölfin um Mitternacht und biß sogleich einen von den Brüdern zu Tode, bis sie alle tot waren, nur Sigmund allein war noch übrig. Und nun ehe die zehnte Nacht nahte, sandte Signy ihren Vertrauten zu ihrem Bruder Sigmund, gab ihm Honig in die Hand und sagte, er solle den auf Sigmunds Antlitz streichen und ihm etwas davon in den Mund stecken. Da ging er zu Sigmund, tat wie ihm geboten war und kehrte dann wieder zurück. In der nächsten Nacht kam dieselbe Wölfin nach ihrer Gewohnheit und gedachte ihn zu Tode zu beißen wie seine Brüder. Aber da bekam sie Witterung von

---

[1] Ein in der Mitte gespaltener Stamm mit runden Öffnungen, durch die die Füße und Hände der Gefangenen gezwängt wurden; vgl. Lear II, 2.

ihm, wo er mit Honig bestrichen war, beleckte sein ganzes Antlitz mit ihrer Zunge und streckte ihm sodann die Zunge in den Mund. Sigmund ließ sich nicht erschrecken und biß die Wölfin in die Zunge; sie sträubte sich heftig, zog und zerrte und stemmte die Füße in den Stock, so daß er ganz auseinanderbarst. Er aber hielt so fest, daß der Wölfin die Zunge an der Wurzel herausgerissen wurde und sie davon den Tod erlitt. Aber das erzählen einige Leute, daß diese Wölfin König Siggeirs Mutter gewesen sei, und daß sie diese Gestalt angenommen habe durch Hexerei und Zauberkunst[1].

Signys Söhne

So war Sigmund frei geworden, da der Stock zerbrochen war, und hielt sich nahebei im Walde auf. Abermals sandte Signy, um zu erfahren, was geschehen sei und ob Sigmund lebe. Und als die Boten kamen, erzählte er ihnen die ganze Begebenheit, wie sie sich zugetragen hatte mit ihm und der Wölfin. Da kehrten sie zurück und sagten Signy, was geschehen sei.
Da ging sie zu ihrem Bruder, und sie faßten den Beschluß, daß er sich dort im Walde ein Erdhaus[2] bauen sollte. Es ging so eine Zeitlang, daß Signy ihn dort verbarg und ihm das gab, dessen er bedurfte. König Siggeir aber wähnte, daß alle Völsunge tot wären.
König Siggeir hatte zwei Söhne mit seiner Frau, und es wird von ihnen erzählt, daß Signy, als sein ältester Sohn zehn Winter alt war, ihn zu Sigmund sandte, damit er ihm Hilfe leisten sollte, wenn er etwas unternehmen wollte, um seinen Vater zu rächen. Der Knabe ging in den Wald und kam spät gegen Abend zu Sigmunds Erdhütte. Der nahm ihn nach Gebühr wohl auf und sagte, daß er ihr Brot zubereiten sollte; »ich aber«, sagte er, »will Brennholz suchen«; er gab ihm einen Mehlbeutel in die Hand

---

[1] Die Verwandlung des Menschen in eine andere Gestalt durch Zauberei ist sehr häufig bezeugt. Signy bewegt eine Zauberin zum Gestaltentausch (S. 19) und Sigurd reitet in Gunnars Gestalt durch die flammende Lohe (S. 67). Sigmund und Sinfjötli werden durch böses Geschick oder feindlichen Zauber in Wölfe verwandelt; sie befreien sich von ihm, indem sie die Felle verbrennen (S. 22). [2] S. u. Hrolf Kraki, Erzählung von Fradi.

und ging selbst Holz zu suchen. Als er aber zurückkam, hatte der Knabe nichts zur Brotbereitung getan. Da fragte Sigmund, ob das Brot fertig wäre. Er antwortete: »Ich wagte nicht, den Mehlbeutel anzufassen, denn es lag etwas Lebendiges im Mehle.« Da glaubte Sigmund zu wissen, daß dieser Knabe nicht so beherzt wäre, daß er ihn bei sich behalten möchte. Als nun die Geschwister Sigmund und Signy zusammenkamen, sagte Sigmund, es wäre ihm nicht damit geholfen, wenn der Knabe bei ihm bliebe. Signy erwiderte: »Nimm ihn denn und töte ihn; er braucht dann nicht länger zu leben«; und so tat er. Nun verging dieser Winter; einen Winter darauf sandte Signy ihren jüngsten Sohn zu Sigmund; aber es ist nicht nötig, die Sache lang auszuspinnen. Es erging ebenso, daß er diesen Knaben auf Signys Rat tötete.

Signy empfängt Sinfjötli

Es wird erzählt, daß einmal, als Signy in ihrem Frauengemach saß, zu ihr ein überaus zauberkundiges Hexenweib kam. Da redete Signy mit ihr: »Ich wollte, daß wir die Gestalten vertauschten.« Die Zauberin sagte: »Du hast darüber zu bestimmen.« Darauf richtete sie es mit ihren Künsten so ein, daß sie die Gestalten vertauschten; die Zauberin setzte sich auf ihren Rat an Signys Platz und legte sich abends zu dem König ins Bett, und er merkte nicht, daß Signy nicht bei ihm war. Nun ist von Signy zu erzählen, daß sie nach der Erdhütte zu ihrem Bruder ging und ihn bat, ihr Herberge über Nacht zu gewähren, »denn ich habe mich draußen im Walde verirrt und weiß nicht, wo ich mich befinde«. Er sagte, sie könne dableiben, er wolle ihr als einer alleinstehenden Frau die Herberge nicht versagen, und er glaube zu wissen, daß sie nicht damit die gute Aufnahme lohnen werde, daß sie ihn verriete. Nun ging sie hinein in die Herberge zu ihm, und sie setzten sich zum Essen; er blickte sie oft unwillkürlich an, und sie dünkte ihn hold und schön. Als sie aber satt waren, da sagte er zu ihr, er wolle, daß sie in der Nacht das Lager teilten; sie sträubte sich nicht dagegen, und er nahm sie drei Nächte hintereinander zu sich. Darauf begab sie sich zu der Zauberin und bat, daß sie die Gestalten wieder austauschten, und so tat sie.

Und als die Stunde gekommen war, gebar Signy einen Knaben; der Knabe ward Sinfjötli[1] genannt; und als er aufwuchs, war er beides, groß und stark und schön von Aussehen und recht nach Art der Völsunge. Er war noch nicht zehn volle Winter, als Signy ihn zu Sigmund nach der Erdhütte sandte. Sie hatte mit ihren früheren Söhnen, ehe sie die zu Sigmund schickte, die Probe gemacht, daß sie ihnen den Rock an die Arme zugleich mit Haut und Fleisch nähte – sie konnten das nicht aushalten und schrien darüber. Ebenso verfuhr sie mit Sinfjötli, er sträubte sich nicht dagegen. Sie zog ihm das Wams aus, so daß die Haut mit den Ärmeln mitgerissen wurde, und meinte, er empfände wohl Schmerz dabei. Er aber entgegnete: »Solches erscheint einem Völsung wenig schmerzlich[2].«

Und nun kam der Knabe zu Sigmund. Da gebot ihm Sigmund, aus ihrem Mehle Brot zu kneten, er aber wolle Brennholz für sie holen, gab ihm einen Beutel in die Hand und ging dann in den Wald. Als er aber zurückkam, da war Sinfjötli fertig mit dem Backen. Da fragte Sigmund, ob er etwas in dem Mehle gefunden hätte. »Ich bin nicht ohne Verdacht«, antwortete er, »daß etwas Lebendiges im Mehle gewesen ist, als ich zuerst anfing zu kneten, aber ich habe mit hineingeknetet, was darin war.« Sigmund sprach und lachte: »Ich meine, du wirst heute abend keine Mahlzeit haben von diesem Brote, denn du hast eine große Giftschlange mit hineingeknetet.« Sigmund war so stark, daß er Gift essen konnte, ohne daß es ihm im geringsten schadete; Sinfjötli aber vermochte es nur, daß das Gift ihm von außen kam, doch nicht vermochte er es zu essen oder zu trinken[3].

---

[1] Wie die althochdeutschen Namen Welsinc, Stynui, so stammt auch Sintarfizzilio, Fizzilo aus der alten fränkischen Dichtung. Sintarfizzilo wird erklärt als der »Schlackenscheckige«, d. i. »Bastard«, oder als »der mit sinterfarben gelbgrauen Schenkeln«, d. h. »der Wolf«, sei es wegen seiner Verwandlung in einen Wolf (folgendes Kapitel), sei es in übertragener Bedeutung »der Geächtete«. [2] Hjördis bei Ibsen: »Ich hab' von einer Königin gehört, die ihrem Sohn das Wams fest ins Fleisch genäht, ohne daß er mit den Augen zuckte« (I, 393). [3] Ursprünglich sollte die Speise wohl den Helden gegen Gift feien. Sinfjötli knetete die Schlange in den Teig hinein, wie etwa der junge Herakles Schlangen in der Wiege erwürgt..

Sigmund und Sinfjötli legen die Wolfsbälge an

Das ist weiter zu erzählen, daß dem Sigmund Sinfjötli noch zu jung zur gemeinsamen Rache erschien, und er wollte ihn daher zuvor an kühne Taten gewöhnen. Sie zogen des Sommers weit durch die Wälder und erschlugen Männer, um sie zu berauben. Sinfjötli schien Sigmund recht nach Art der Völsunge, dennoch glaubte er, daß er König Siggeirs Sohn wäre, und dachte, Sinfjötli habe zwar den Heldenmut der Völsunge, aber die Bosheit seines Vaters, denn er meinte, daß er sich wenig um seine Gesippen kümmere, weil er ihn oft an sein Leid erinnerte und ihn sehr reizte, den König Siggeir zu erschlagen.
Nun geschah es einmal, daß sie wieder in den Wald zogen, sich Beute zu verschaffen; sie fanden aber ein Haus und in dem Hause zwei Männer schlafend mit dicken Goldringen. Sie waren ins Mißgeschick geraten[1], denn Wolfsbälge hingen über ihnen; jeden fünften Tag vermochten sie aus den Bälgen zu fahren, sie waren Königssöhne. Sigmund und Sinfjötli fuhren in die Wolfsbälge, vermochten aber nicht herauszukommen; den Wolfsbälgen haftete dieselbe Eigenschaft wie früher an[2] – sie heulten wie Wölfe und verstanden beide ihr Geheul. Nun begaben sie sich in die Wälder, aber jeder von ihnen fuhr seine Straße.
Sie trafen die Verabredung untereinander, daß sie sich daran wagen wollten, wenn es auch sieben Männer wären, aber nicht mehr, und der sollte einen Wolfsschrei ausstoßen, der auf eine Übermacht träfe. »Diese Abrede laß uns nicht brechen«, sagte Sigmund, »denn du bist jung und mutig, und man wird sich darauf freuen, dich zu jagen.« So zog jeder für sich seine Straße, und als sie sich getrennt hatten, begegnete Sigmund sieben Männern und stieß einen Wolfsschrei aus; als Sinfjötli das hörte, kam er sogleich herbei und tötete alle. Sie trennten sich wieder. Als Sinfjötli nicht lange im Walde gelaufen war, begegnete er elf Män-

---

[1] D. h. sie waren verwunschen. [2] Werwolfsglauben und Vorstellungen vom Ächterleben gehen hier durcheinander, ähnlich bei Wagner: sie müssen sich in Wölfe verwandeln, weil sie in Wolfshemden fahren oder weil sie einen Ring mit dämonischen Kräften an ihre Hand stecken. Von dem furchtbaren Lose eines Ächters hat unser Erzähler nur eine sehr unklare Vorstellung.

nern, kämpfte mit ihnen, und es geschah, daß er sie alle tötete. Er wurde sehr müde, ging unter eine Eiche und ruhte sich hier aus. Da kam Sigmund dorthin und sprach: »Warum riefst du mich nicht?« Sinfjötli entgegnete: »Ich wollte dich nicht um Hilfe rufen. Du brauchtest meine Hilfe dazu, um sieben Männer zu töten, aber ich bin ein Kind an Jahren im Vergleich mit dir – und doch rief ich dich nicht um Hilfe, um elf Männer zu töten.« Da sprang Sigmund so hart gegen ihn, daß er taumelte und fiel; Sigmund biß ihn vorn in die Kehle. Gerade an diesem Tage vermochten sie nicht die Wolfsbälge abzulegen. So legte Sigmund ihn sich auf den Rücken, trug ihn heim in die Hütte und war um ihn beschäftigt – aber er hieß die Trolle die Wolfsbälge holen[1]. Eines Tages sah Sigmund zwei Wiesel, wie eins dem andern in die Kehle biß; und jenes lief in den Wald, brachte ein Blatt, legte es auf die Wunde, und sogleich sprang das andere Wiesel gesund auf[2]. Sigmund ging hinaus und sah, wo ein Rabe[3] mit dem Blatte flog und es ihm brachte. Er legte es über Sinfjötlis Wunde, und dieser sprang sogleich gesund auf, wie wenn er nimmer wund gewesen wäre. Darauf gingen sie nach der Erdhütte und warteten da, bis zu der Zeit, daß sie die Wolfsbälge ablegen sollten; da nahmen sie die, verbrannten sie im Feuer und wünschten, daß sie niemand mehr Schaden brächten. Sie hatten aber während ihres Mißgeschicks[4] manche Heldentat in König Siggeirs Reiche vollbracht.

Als Sinfjötli erwachsen war, glaubte Sigmund ihn genug erprobt zu haben. Nun dauerte es nicht lange, daß Sigmund die Vaterrache vollziehen wollte, wenn es sich so fügen sollte. Da gingen sie eines Tages fort von der Erdhütte, kamen spätabends an König Siggeirs Hof und traten in die Vorstube, die vor der Halle war; dort aber waren Bierfässer, und dahinter verbargen sie sich. Die Königin wußte nun, wo sie waren, und wollte sie aufsuchen, und als sie zusammenkamen, da faßten sie den Beschluß, daß sie die Vaterrache ausüben wollten, sobald es Nacht würde.

---

[1] Trolle = Unholde: er wünschte die Wolfsbälge zu allen Teufeln. [2] Märchenmotiv. [3] Der Rabe ist Odins Vogel, hier sein Bote, wie Hljod in Gestalt einer Krähe den fruchtbar machenden Apfel Rerir bringt, S. 11: Odin soll bei jeder Gelegenheit eingreifen! [4] Solange sie Werwölfe waren.

Signy und der König hatten zwei Söhne jung an Jahren, die spielten mit Goldringen am Boden der Halle, ließen die Ringe über den Estrich rollen und sprangen ihnen nach. Ein Goldring aber rollte nach außen hin nach der Stelle des Hauses, wo sich Sigmund und Sinfjötli versteckt hatten; der Knabe aber lief hinterdrein, den Ring zu suchen. Da sah er dort zwei Männer sitzen, groß und grimmig, die trugen tief herabhängende Helme und lichte Brünnen. Da lief er ins Innere der Halle zu seinem Vater und sagte ihm, was er gesehen hätte. Der König argwöhnte nun, daß Verrat gegen ihn am Werke wäre.
Signy hörte, was sie sagten; sie stand auf, nahm die beiden Knaben, ging hinaus in die Vorstube zu ihnen und sagte, sie sollten wissen, daß die sie verraten hätten, »und ich rate euch, daß ihr sie tötet«. Sigmund aber sagte: »Nicht will ich deine Knaben töten, obgleich sie mich verraten haben.« Sinfjötli aber schrak davor nicht zurück, zückte sein Schwert, tötete beide Knaben und warf sie ins Innere der Halle, König Siggeir zu Füßen. Der König erhob sich und rief seine Mannen auf, die Männer zu ergreifen, die sich am Abend in der Vorstube versteckt hätten. Da liefen die Männer hinaus und dorthin und wollten Hand an sie legen; die aber wehrten sich wohl und heldenmütig, und der meinte es da lange am schlimmsten zu haben, der ihnen am nächsten war. Endlich aber wurden sie von der Übermacht überwältigt, gefangengenommen, darauf in Bande geschlagen und in Fesseln gesetzt, und sie saßen dort die ganze Nacht.
Nun überlegte der König bei sich, welchen Tod er ihnen bereiten sollte, den sie am längsten fühlten. Als der Morgen kam, ließ der König ein großes Hügelgrab von Steinen und Rasen machen; und als der Hügel fertig war, ließ er eine große Felsplatte senkrecht mitten hinein setzen, so daß der eine Rand nach oben gerichtet war, der andere nach unten; der flache Stein war so groß, daß er auf beiden Seiten die Felswand berührte, so daß man nicht an ihr vorbeikommen konnte. Darauf ließ er Sigmund und Sinfjötli ergreifen und in den Grabhügel setzen, auf jede Seite der Felsplatte einen; denn es schien ihm härter für sie, wenn sie beide nicht zusammen wären und doch jeder den anderen verstehen konnte.

Als sie im Begriff waren, den Hügel mit Rasen zuzudecken, kam Signy herzu und trug Stroh in den Armen, das warf sie Sinfjötli in den Hügel hinein und bat die Knechte, es dem König zu verheimlichen. Sie gelobten es, und darauf wurde der Hügel geschlossen. Als es begann Nacht zu werden, sagte Sinfjötli zu Sigmund: »Ich glaube, fürs erste wird es nicht an Speise fehlen: hier hat die Königin Speck in den Hügel geworfen und von außen Stroh herumgewickelt.« Und weiter betastete er den Speck und fand, daß das Schwert Sigmunds darin stak; er erkannte es am Griff, denn es war dunkel im Hügel, und sagte es Sigmund; sie freuten sich beide darüber. Sinfjötli schob die Spitze des Schwertes oben über die Felsplatte und zog es kräftig hin und her – das Schwert schnitt in den flachen Stein. Sigmund ergriff nun die Schwertspitze, und sie durchsägten so die Felsplatte zwischen ihnen und ließen nicht eher ab, als bis sie diese ganz durchsägt hatten. So heißt es im Liede.

1 An die Felsplatte setzten
 kräftig als Säge
 Sigmund das Schwert
 und Sinfjötli.

Und nun waren sie beide zusammen los in dem Hügel, zersägten Stein und Eisen und kamen so aus dem Grabhügel heraus. Darauf gingen sie zurück nach der Halle, alle Leute lagen da im Schlafe. Sie trugen Holz in die Halle und legten Feuer an das Holz. Die darinnen waren, erwachten von dem Qualm und davon, daß die Halle über ihnen brannte. Der König fragte, wer das Feuer angelegt hätte. »Hier sind wir, ich, Sigmund, und Sinfjötli, mein Schwestersohn«, sagte Sigmund, »und wir glauben jetzt, daß du merken wirst, nicht alle Völsunge sind tot.« Er forderte seine Schwester auf, herauszukommen und von ihm gute Achtung und große Ehre zu empfangen: so wollte er ihr ihres Gatten Tod büßen. Sie antwortete: »Nun sollst du werden gewahr, ob ich dem König Siggeir den Mord König Völsungs nachgetragen habe. Ich ließ unsre Kinder töten, weil die mir zu träge zur Vaterrache schienen. Ich kam zu dir in der Wald, in der Gestalt einer

Völva, und Sinfjötli ist unser Sohn. Davon hat er so hohen Heldenmut, daß er beides, Sohnes-Sohn und Tochter-Sohn König Völsungs ist. Ich habe alles dazu getan, daß König Siggeir den Tod empfangen sollte. Aber was ich getan habe um der Rache willen, ist derart, daß ich auf keine Weise länger leben darf, und freiwillig werde ich mit ihm sterben, obwohl ich ihn wider Willen zum Manne hatte.« Sodann küßte sie Sigmund, ihren Bruder, und Sinfjötli, ging wieder hinein ins Feuer und wünschte ihnen alles Gute fürs Leben. Darauf fand sie hier den Tod mit König Siggeir und seinem ganzen Gefolge.

Vater und Sohn verschafften sich Heervolk und Schiffe. Sigmund steuerte auf sein Geschlechtserbe zu und vertrieb den König aus dem Lande, der sich nach König Völsung darin festgesetzt hatte. Sigmund war nun ein mächtiger und berühmter König, weise und hochstrebend. Er hatte eine Frau, die Borghild hieß[1]. Sie hatten zwei Söhne, der eine hieß Helgi, der andere Hamund. Und als Helgi geboren war, kamen Nornen dazu, weissagten ihm sein Schicksal und sagten, er sollte der berühmteste aller Könige werden[2]. Sigmund war gerade aus einer Schlacht heimgekehrt und ging mit einem Lauch[3] seinem Sohne entgegen; er gab ihm den Namen Helgi und folgendes als Namensverleihung und Patengeschenk[4]: Hringstadir und Solfjöll und ein Schwert; er hieß ihn tüchtig werden und Völsung nacharten. Helgi ward hochherzig und reich an Freunden, er übertraf die meisten andern Männer in jeglicher Geschicklichkeit. Das wird erzählt, daß er sich auf eine Heerfahrt begab, als er fünfzehn Winter alt war[5]. Helgi war König über das Heervolk, Sinfjötli aber war ihm beigegeben, und beide geboten über Kriegsvolk.

---

[1] Hier setzt ein Auswuchs an, in dem man Helgi Hundingstöter zum Sohne Sigmunds und Borghilds machte; dadurch kamen auch der Stiefvater Alf und Hjalprek (fränkisch Chilperich) in die Sage. [2] Vgl. Edda I, 153. [3] Die Pflanze hat symbolische Bedeutung, bedeutet die königliche Macht und Würde. [4] Es war Sitte, daß, wer den Namen gab, ein Geschenkt beifügte; Edda I, 164. [5] Mit 12 Jahren war der nordische Knabe in der Wikingerzeit mündig; erst um das Jahr 1000 wurde die Grenze auf das 15., bei den Isländern auf das 16. Lebensjahr verschoben.

Helgi vermählt sich mit Sigrun

Es wird erzählt, daß Helgi auf seiner Heerfahrt den König traf, der Hunding hieß; er war ein mächtiger König, reich an Mannen und herrschte über viele Länder. Da begann eine Feldschlacht zwischen ihnen, und Helgi stürmte heftig vorwärts. Damit schloß die Schlacht, daß Helgi den Sieg errang, König Hunding aber fiel und ein großer Teil seines Gefolges. Nun glaubte Helgi, an Ansehen viel gewonnen zu haben, da er einen so mächtigen König erschlagen hatte.

König Hundings Söhne aber boten ein Heer gegen Helgi auf und wollten ihren Vater rächen. Sie hatten einen harten Kampf, Helgi drang durch die Scharen der Brüder, griff die Banner der Söhne König Hundings an und erschlug diese Söhne Hundings: Alf und Eyjolf, Hervard und Hagbard, und erfocht hier einen herrlichen Sieg.

Als Helgi aus der Schlacht kam, da begegnete er an einem Walde mehreren Frauen, vornehm an Aussehen, doch übertraf eine die andern alle; sie ritten in stattlichem Aufzuge. Helgi fragte die nach Namen, die sie befehligte. Sie nannte sich Sigrun und sagte, daß sie König Högnis Tochter wäre. Helgi sprach: »Reitet heim mit uns und seid uns willkommen.« Da erwiderte die Königstochter: »Andres wartet unser als mit dir zu trinken.« Helgi fragte: »Was ist das, Königstochter?« Sie antwortete: »König Högni hat mich verlobt dem Hödbrodd, dem Sohne König Granmars; ich aber habe gelobt, daß ich ihn nicht lieber haben will als das Junge einer Krähe. Aber doch wird dieses vor sich gehen, wenn du ihn nicht hinderst, ihm mit einem Heere entgegengehst und mich hinwegführst, denn mit keinem Könige möchte ich lieber zusammen wohnen als mit dir.« »Sei fröhlich, Königstochter«, sagte er, »eher wollen wir unsere Stärke versuchen, als daß du ihm vermählt wirst, und erproben wollen wir zuvor, wer von uns beiden den andern übertrifft, daran will ich das Leben setzen.«

Darauf sandte Helgi Männer aus mit Geldgeschenken, um für sich Mannen zu werben, und entbot alles Volk nach Rauchabjarg. Dort wartete König Helgi so lange, bis eine große Schar aus Hedinsey[1] zu ihm kam; auch kam zu ihm eine stattliche Menge aus Nörvasund mit schönen und großen Schiffen. König Helgi rief zu sich den Befehlshaber seines Schiffes, der Leif hieß, und fragte, ob er ihr Heer gezählt habe. »Es ist nicht leicht, Herr, zu zählen die Schiffe: die aus Nörvasund gekommen sind, darauf sind zwölftausend Mann, aber das zweite Heer ist dennoch ein halbmal so groß.« Da sagte König Helgi, daß sie nach der Bucht steuern sollten, die Varinsfjördr hieß, und so taten sie. Da überfiel sie ein großer Sturm und eine so hohe See, daß es sich gerade so anhörte, wenn die Wellen an Bord schlugen, als ob Berge zusammengeschlagen würden. Helgi hieß sie sich nicht fürchten und die Segel nicht reffen, sondern vielmehr sie noch höher hinaufsetzen als vorher. Da war es nahe daran, daß sie vom Sturm überwältigt wurden, ehe sie das Land erreichten. Da kam Sigrun, die Tochter König Högnis, oben vom Lande herab zum Strande mit großem Gefolge und brachte sie in einen guten Hafen, der »zu Gnipalund« heißt.

Diese Neuigkeit erfuhren die Leute des Landes, und es kam oben vom Lande her ein Bruder König Hödbrodds, der über die Gegend herrschte, die »auf Svaringshaugr« heißt. Er rief sie an und fragte, wer jenes große Heer befehligte. Sinfjötli stand auf, er hatte einen Helm auf dem Haupte, geglättet wie Glas, und eine Brünne weiß wie Schnee, in der Hand einen Spieß und ein stattliches Banner, sowie einen goldrandigen Schild vor sich. Er verstand den Königen Rede zu stehen: »Erzähle das, wenn du die Schweine und Hunde gefüttert hast und dein Weib triffst, daß hier die Völsunge gekommen sind; hier im Heere hält sich König Helgi auf, wenn Hödbrodd ihn antreffen will, und das macht ihm Freude, ehrenvoll zu fechten, während du die Mägde beim Feuer küssest.« Granmar sagte: »Nicht wirst du verstehen, vieles gebührend zu reden und alte Mären zu sagen, da du lügenhaft Häuptlinge anschuldigst. Jenes wird wahrer sein, daß du dich lange draußen im Walde von Wolfsfraß genährt und deine Brüder getötet hast; wunderbar ist es, daß du es wagst, mit guten Män-

[1] Hiddensee bei Rügen.

nern zusammenzukommen, der du mancher kalten Leiche das Blut hast ausgesogen.« Sinfjötli antwortete: »Dessen wirst du wohl nicht mehr recht gedenken, wie du die Völva[1] auf Varinsey warst und sagtest, du wolltest einen Mann haben, und mich zu dem Dienste erkorest, dein Mann zu sein. Später aber warst du eine Walküre in Asgard, und es war nahe daran, daß alle sich geschlagen hätten um deinetwillen. Ich aber erzeugte mit dir neun Wölfe auf Laganes und war der Vater von ihnen allen.« Granmar entgegnete: »Das Lügen verstehst du gut; ich glaube, du hättest keines Vater werden können, seitdem du entmannt wurdest von den Töchtern des Riesen auf Thorsnes. Du bist ein Stiefsohn König Siggeirs und lagst draußen im Walde mit Wölfen; alles Unheil kam auf einmal über dich: du erschlugst deine Brüder und machtest dich im bösen Sinne berühmt.« Sinfjötli antwortete: »Erinnerst du dich daran, daß du eine Stute warst bei dem Hengste Grani[2], und ich mit dir auf Bravöll[3] trabte? Dann warst du Ziegenhirt des Riesen Gölnir.« Granmar sagte: »Lieber wollte ich die Vögel mit deiner Leiche sättigen als länger mit dir streiten.« Da sprach König Helgi: »Besser wäre es für euch und rätlicher, zu kämpfen als solches zu reden, das schmählich anzuhören ist. Granmars Söhne sind nicht meine Freunde, und doch sind sie tapfere Männer.«

Granmar ritt darauf fort und traf König Hödbrodd an der Stelle, die Solfjöll heißt; ihr Rosse hießen Sveipud und Sveggjud: sie begegneten ihm im Burgtore und kündeten ihm die Kriegsbotschaft. König Hödbrodd trug eine Brünne und hatte den Helm auf dem Haupte; er fragte, wer da wäre, »und weshalb seid ihr so zornig?« Granmar erwiderte: »Hier sind die Völsunge gekommen und haben zwölftausend Mann am Lande und siebentausend bei der Insel, die Sok heißt, aber an dem Ort, der ›vor Grinden[4]‹ heißt, sind noch ihre größten Streitkräfte, und ich glaube, daß Helgi jetzt eine Schlacht schlagen will.« Der König sprach:

---

[1] Völva (Wagner: Wala), die »Stabträgerin«, ist eine Weissagerin, Zauberin. [2] Grani ist Sigurds Roß. [3] Auf den Bravellir (Plural von Bravöll), an der Bråvik in Ostschweden fand die berühmte Schlacht zwischen Sigurd Hring und Harald Kampfzahn statt. [4] Mißverständnis; Edda I, 159 Str. 42.

»Veranstalten wir denn ein Heergebot durch unser ganzes Reich und ziehen ihm entgegen. Keiner von denen sitze zu Hause, die fechten wollen! Senden wir Botschaft den Hringssöhnen, König Högni und Alf dem Alten, das sind große Kämpfer[1].«

Sie trafen sich an dem Orte, der Frekastein[2] heißt, da hob eine harte Schlacht an. Helgi ging vorwärts durch die Schlachtreihen, so daß da ein großes Gemetzel entstand. Da sahen sie eine große Schar von Schildjungfrauen, als ob man ins Feuer sähe: da war Sigrun, die Königstochter. König Helgi drang gegen König Hödbrodd vor und fällte ihn neben den Bannern. Da sprach Sigrun: »Habe Dank für diese kühne Tat! Nun werden die Länder einen andern Herrn bekommen. Dies ist mir ein großer Glückstag, und du wirst Ehre und Ruhm davon haben, daß du einen so mächtigen König gefällt hast.« König Helgi nahm das Reich in Besitz und weilte dort lange; er nahm Sigrun zur Frau und ward ein berühmter und angesehener König – er kommt aber in dieser Geschichte nicht mehr vor.

Von den Völsungen

Die Völsunge fuhren jetzt heim und hatten ihren Ruhm noch sehr vermehrt. Sinfjötli begab sich jetzt von neuem auf Heerfahrten. Er sah eine schöne Frau und wünschte sehr, sie zur Gattin zu bekommen. Um diese Frau warb auch der Bruder Borghilds, die König Sigmund zur Frau hatte. Sie stritten um diese Heirat in einer Schlacht, und Sinfjötli fällte jenen König. Er heerfahrtete nun weit umher, hatte viele Kämpfe, erstritt aber stets den Sieg. Er ward der ruhmvollste und angesehenste der Männer und kam um den Herbst mit vielen Schiffen und großem Gut heim.

Er erzählte seinem Vater, was geschehen war, und er sagte es der Königin. Sie gebot Sinfjötli, aus dem Reiche hinwegzufahren, und sagte, sie wolle ihn nicht mehr sehen. Sigmund sagte, er ließe ihn nicht hinwegziehen, und erbot sich, ihr Buße zu leisten durch

---

[1] Högni ist Sigruns Vater. [2] »Wolfsfels«.

Gold und großes Gut, obschon er vorher noch nie für einen Mann Buße gezahlt hatte; er sagte, es nütze nichts, mit Weibern zu streiten. Sie konnte also dies nicht durchsetzen und sagte: »Ihr habt zu bestimmen, Herr; so schickt es sich.«

Sie bereitete nun ihrem Bruder die Totenfeier mit der Zustimmung des Königs, rüstete ein Gastmahl mit den besten Vorräten und entbot eine große Menge dorthin. Borghild brachte den Männern den Trank. Sie trat vor Sinfjötli mit einem Horne und sprach: »Trink, Stiefsohn!« Er nahm das Horn, sah hinein und sprach: »Trübe ist der Trank.« Sigmund sprach: »Gib ihn mir!« und trank ihn aus. Die Königin sprach: »Warum sollen andere Männer für dich Äl trinken?« Sie kam abermals mit dem Horn: »Trink jetzt!« und reizte ihn mit manchen Worten. Er nahm das Horn und sprach: »Vergiftet ist der Trank.« Sigmund sagte: »Gib ihn mir!« Zum dritten Male kam sie und forderte ihn auf, auszutrinken, wenn anders er den Mut der Völsunge hätte. Sinfjötli nahm das Horn und sprach: »Gift ist im Trank.« Sigmund sagte: »Laß den Bart den Trank seihen, Sohn!« Der König war da schon sehr trunken, und deshalb sagte er das[1]. Sinfjötli trank, und sogleich fiel er tot nieder.

Sigmund stand auf, und sein Kummer ging ihm fast ans Leben; er nahm die Leiche in seine Arme, ging in den Wald und kam endlich da zu einem Fjord. Da sah er einen Mann in einem kleinen Boote; dieser Mann fragte, ob er von ihm über den Fjord gefahren werden wollte. Er bejahte es. Das Schiff war so klein, daß es sie nicht alle trug; die Leiche wurde zuerst aufs Schiff gebracht, Sigmund aber ging den Meerbusen entlang. Und alsbald entschwand das Schiff dem Sigmund aus den Augen und auch der Mann[2]. Darauf wandte sich Sigmund heim und verstieß die Königin; bald darauf starb sie. König Sigmund aber beherrschte weiterhin sein Reich und wurde für den größten Helden und König gehalten zur Zeit des Heidentums.

---

[1] Irrtum des Erzählers: Sigmund hatte gedacht, daß der Trank sein Gift im Barte Sinfjötlis zurücklassen werde und ihm dann nicht mehr schaden könne. [2] Der Totenferge ist Odin.

Sigmunds Siegesschwert zerspringt an Odins Speer

Eylimi war ein König geheißen, mächtig und berühmt. Seine Tochter hieß Hjördis[1], die schönste und weiseste aller Frauen. Das vernahm König Sigmund, daß sie nach seinem Sinne wäre und keine sonst. Sigmund suchte König Eylimi heim. Dieser rüstete ein großes Gastmahl für ihn, für den Fall, daß er nicht eine Heerfahrt gegen ihn vorhätte. Es gingen Boten zwischen ihnen hin und her, daß die Fahrt in freundschaftlicher Absicht unternommen würde und nicht mit Kriegsrüstung. Das Mahl war mit den besten Vorräten gerüstet, und eine große Gefolgsmenge war dazu eingeladen. Dem König Sigmund wurde Kaufgelegenheit und andere Reisebequemlichkeit geboten; sie kamen nun zu dem Gastmahle, und beide Könige nahmen in einer Halle Platz.

Da war auch König Lyngvi[2] gekommen, König Hundings Sohn, er wollte sich auch mit König Eylimi verschwägern. Eylimi glaubte zu sehen, daß sie nicht beide zusammen dasselbe Ziel erreichen konnten, und meinte auch zu wissen, daß Unfriede von dem zu erwarten wäre, der Hjördis nicht erhielte. Da sagte der König zu seiner Tochter: »Du bist ein verständiges Mädchen, darum habe ich bestimmt, daß du selber dir einen Mann erwählen sollst: wähle also zwischen den beiden Königen, und mein Wille ist hierin wie der deine.« Sie antwortete: »Schwierig scheint mir diese Sache, doch wähle ich den König, der der berühmteste ist. Das aber ist König Sigmund, obwohl er schon hoch betagt ist.« Sie wurde ihm gegeben, König Lyngvi aber reiste ab. Sigmund vermählte sich mit Hjördis, und jeden nächsten Tag war die Bewirtung noch besser als am vorhergehenden und aufmerksamer. Darauf fuhr König Sigmund heim nach Hunenland, mit ihm sein Schwiegervater König Eylimi, und hütete seines Reiches.

König Lyngvi aber und seine Brüder sammelten ein Heer um sich und zogen gegen König Sigmund zu Felde; denn sie hatten immer bei Zwistigkeiten den kürzeren gezogen, obwohl dies letzte[3] am schlimmsten ergangen war. Sie wollten der Kampflust der

---

[1] D. h. »Schwertjungfrau« – Ibsen hat den Namen aus diesem Kapitel genommen. [2] D. h. Heidebewohner. [3] Die Bevorzugung Sigmunds durch Hjördis.

Völsunge zuvorkommen, zogen nach Hunenland und sandten König Sigmund Botschaft: sie wollten sich nicht an ihn heranstehlen und wußten wohl, daß er nicht fliehen würde. König Sigmund antwortete, daß er sich zur Schlacht stellen würde. Er zog ein Heer zusammen; Hjördis aber ward mit einer Dienstmagd in den Wald gebracht, sie hatten großes Gut bei sich – dort blieb sie, während gekämpft wurde.

Die Seehelden sprangen aus den Schiffen mit einem unüberwindlichen Heere. König Sigmund und König Eylimi richteten ihre Banner auf, und die Hörner wurden geblasen. König Sigmund ließ sein Horn ertönen, das sein Vater gehabt hatte, und feuerte seine Mannen an; Sigmund hatte ein viel kleineres Heer. Da erhob sich ein harter Kampf, und obwohl Sigmund schon alt war, so schlug er sich doch tapfer und war stets der vorderste seiner Mannen; weder Schild noch Panzer hielt gegen ihn stand, und er ging an diesem Tage immer mitten durch das Heer seiner Feinde – aber es war nicht abzusehen, wie der Kampf zwischen ihnen enden würde. Mancher Spieß und Pfeil flog da durch die Luft, aber so schützten ihn seine Spadisen, daß er nicht verwundet wurde, und keiner wußte die Zahl anzugeben, wie viele Männer vor ihm fielen: er hatte beide Arme blutig bis zur Achsel. Und als der Kampf eine Weile gewährt hatte, da kam ein Mann in die Schlacht, mit langherabhängendem Hut und blauem Mantel, er hatte nur ein Auge und trug einen Speer in der Hand. Dieser Mann trat König Sigmund entgegen und hob den Speer gegen ihn empor; und als König Sigmund kräftig zuhieb, traf das Schwert auf den Speer und zersprang in zwei Stücke. Da wandte sich die Niederlage auf Sigmunds Seite, König Sigmunds Glück war gewichen, und er verlor viel Volk. Der König schonte sich nicht und feuerte das Kriegsvolk mächtig an. Es geschah nun, wie es im Sprichwort heißt: man vermag nichts gegen eine überlegene Menge. In dieser Schlacht fiel König Sigmund und König Eylimi, sein Schwiegervater, an der Spitze des Schlachtkeils und mit ihnen der größte Teil ihres Heeres.

Sigmunds Tod, Hjördis Gefangennahme

König Lyngvi brach nach dem Königsgehöft auf und gedachte dort die Königstochter zu fangen; aber das schlug ihm fehl: er fand da weder die Frau noch den Schatz. Er zog darauf durch das Land und verteilte das Reich unter seine Mannen. Er glaubte das ganze Geschlecht der Völsunge erschlagen zu haben und meinte, daß er sie fortan nicht mehr zu fürchten brauche.

Hjördis ging nach der Schlacht nachts auf die Walstatt, kam dahin, wo König Sigmund lag, und fragte, ob er zu heilen wäre. Er antwortete: »Mancher lebt, obwohl nur geringe Hoffnung war, von mir aber hat sich das Glück gewandt, so daß ich mich nicht mehr heilen lassen will. Odin will nicht, daß ich fürder das Schwert schwinge, da es zerbrach; ich habe Schlachten geschlagen, solange es ihm gefiel.« Sie sprach: »Nichts dünkte mir zu fehlen, wenn du geheilt würdest und meinen Vater rächtest.« Der König antwortete: »Einem andern ist das bestimmt. Du gehst mit einem Kinde, pflege dessen wohl und sorgfältig, dieser Knabe wird der berühmteste und vortrefflichste von unserm Geschlechte werden. Verwahre ihm die Schwertesstücke wohl, daraus kann ein gutes Schwert geschmiedet werden, das Gram heißen soll. Unser Sohn soll es tragen und damit manche Heldentat vollbringen, die nimmer wird vergessen werden, und sein Name wird im Gedächtnis fortleben, solange die Welt besteht. Gib dich damit zufrieden, mich aber ermüden meine Wunden, ich werde jetzt unsere dahingegangenen Gesippen aufsuchen.« Hjördis war nun um ihn beschäftigt, bis er starb, und indem brach der Tag an. Sie sah, daß viele Schiffe ans Land gekommen waren, und sprach zu der Dienstmagd: »Wir wollen unsere Kleider vertauschen, du sollst dich mit meinem Namen nennen und dich für die Königstochter ausgeben.« So taten sie.

Die Seehelden gewahrten da die Walstatt mit vielen Gefallenen bedeckt und sahen, wie die Frauen in den Wald eilten. Sie erkannten daran, daß etwas Großes geschehen wäre, und sprangen von den Schiffen. Über diese Schar gebot Alf, der Sohn König Hjalpreks von Dänemark; der war mit seinem Heere an dem

Lande vorbeigefahren; so kamen sie nach der Walstatt und sahen die vielen Gefallenen. Der König befahl, die Frauen aufzusuchen, und das taten sie. Er fragte, wer sie wären; aber das schlug nicht nach Erwartung aus. Denn die Dienstmagd sprach für sie beide und erzählte den Tod König Sigmunds und König Eylimis und manches andern edlen Mannes, und auch, wer das getan hätte. Der König fragte, ob sie wüßten, wo der Schatz sich befand. Sie fanden großen Reichtum, so daß keiner glaubte ebenso großes Gut oder noch mehr Kleinode an einer Statt beisammen gesehen zu haben. Sie trugen das zu den Schiffen Alfs. Hjördis folgte ihnen, und ebenso die Dienstmagd. Er fuhr heim in sein Reich und erzählte dort, daß die Könige gefallen wären, die die berühmtesten waren. Der König setzte sich ans Steuer, aber die beiden Frauen saßen in dem ans Heck sich anschließenden Vorraume. Er hielt ein Gespräch mit ihnen und hörte ihren Reden aufmerksam zu. Der König kam heim in sein Reich mit großem Gute. Alf war der tüchtigste der Männer.

Als sie kurze Zeit daheim gewesen waren, fragte die Königin ihren Sohn Alf: »Warum hat die schönere Frau weniger Ringe und geringere Gewänder? Es scheint mir, daß die die edlere ist, über die ihr euch geringschätziger ausgesprochen habt.« Er antwortete: »Es hat mir geahnt, daß nicht Dienstmägde Art in ihr sei; als wir uns trafen, da verstand sie es wohl, angesehene Männer zu begrüßen: daraufhin wollen wir eine Probe anstellen.«

Es geschah einst beim Trinkgelage, daß sich der König neben sie zum Gespräch setzte und sprach: »Woran erkennt ihr die Tageszeit, wann es nach der Nacht zu tagen beginnt, wenn ihr kein Himmelsgestirn seht[1]?« Die Magd antwortete: »Das Merkmal haben wir dafür, daß ich in meiner Jugend daran gewöhnt war, sehr früh am Morgen zu trinken, und seitdem ich davon abließ, wachte ich immer zu derselben Zeit auf – das ist mein Kennzeichen.« Der König lächelte dazu und sprach: »Das war eine üble Gewöhnung für eine Königstochter.« Er wandte sich dann an Hjördis und fragte sie ebendasselbe. Sie antwortete ihm:

[1] Märchen vom Typus »Der Eisenofen«.

»Mein Vater gab mir einen kleinen Goldring mit der Eigenschaft, daß er mir früh am Morgen am Finger erkaltet – das ist mein Kennzeichen dafür[1].« Der König antwortete: »Genug war da des Goldes, wo Mägde es trugen: ihr werdet euch allzulange vor mit verstellt haben, und doch würde ich dich so behandelt haben, als ob wir beide eines Königs Kinder wären, auch wenn du dies gesagt hättest. Ich will dich besser behandeln, als du verdienst, denn du sollst meine Frau werden, und ich werde dir den Brautschatz zahlen[2], sobald du das Kind geboren hast.« Sie antwortete und sagte ihm die ganze Wahrheit über ihre Verhältnisse. Sie war da hinfort in hohen Ehren und wurde als die angesehenste Frau gehalten.

Sigurds Geburt

Es wird weiter erzählt, daß Hjördis einen Knaben gebar, und der Knabe ward dem König Hjalprek gebracht. Der König freute sich, als er die scharfen Augen[3] sah, die er im Kopfe hatte, und sagte, keinem würde er ähnlich oder gleich werden. Er ward mit dem Namen Sigurd mit Wasser begossen[4]. Von ihm sagen alle einstimmig, daß an Haltung und Wuchs keiner seinesgleichen war. Er ward dort bei König Hjalprek mit großer Liebe aufgezogen. Und wenn all die berühmtesten Männer und Könige in Geschichten der Vorzeit genannt werden, dann muß Sigurd vorangehen an Stärke und Fertigkeit, Tüchtigkeit und Tapferkeit, die er mehr besessen hat als alle andern in der Nordhälfte der Welt. Sigurd wuchs dort auf bei Hjalprek, und jedes Kind liebte ihn; König Hjalprek verlobte Hjördis mit Alf und bestimmte ihr den Brautschatz.

Regin hieß Sigurds Pflegevater, er war Hreidmars Sohn; er lehrte ihn Fertigkeiten, Brettspiel und Runen und in mancherlei Spra-

---

[1] Vgl. die drei Scharfsinnsproben in Saxos Amledsage. [2] Brautkauf, das Geschenk, das ursprünglich der Vater der Braut erhält. [3] Funkelnde, blitzende Augen sind das Zeichen des Freien, sie sind für die Völsunge charakteristisch, bis auf Svanhild und Sigurd Wurm im Auge. [4] Auch das deutsche Heldentum kannte eine Wasserweihe. Aus Sigufrid ist Sigurid, Sigurd geworden.

chen zu reden , wie es damals geziemend war für Königssöhne, und mancherlei andere Dinge. Einmal, als sie beide allein beisammen waren, fragte Regin Sigurd, ob er wisse, wie großes Gut sein Vater gehabt habe, und wer es aufbewahrte. Sigurd antwortete und sagte, daß die Könige es aufbewahrten. Regin sprach: »Traust du ihnen völlig?« Sigurd sagte: »Es ziemt sich, daß sie es aufbewahren, bis es mir nützt, denn sie können es besser hüten als ich.«
Ein andermal ließ sich Regin mit Sigurd in eine Unterredung ein und sprach: »Wunderlich ist es, daß du der Könige Roßknecht werden willst und wie die Landstreicher einhergehen.« Sigurd antwortete: »Das ist nicht der Fall, denn ich entscheide über alles mit ihnen, und mir steht zur Verfügung, was ich haben will.« Regin sprach: »Bitte Hjalprek, dir ein Roß zu geben.« Sigurd antwortete: »Das wird sogleich geschehen, wenn ich will.«
Sigurd ging zu den Königen. Da sprach der König zu Sigurd: »Was willst du von uns haben?« Sigurd antwortete: »Ein Roß möchte ich haben mir zur Unterhaltung.« Der König sprach: »Wähle dir selbst ein Roß und was du sonst haben willst von unserm Eigentum.«
Tags darauf begab sich Sigurd in den Wald und begegnete einem alten Manne mit langem Barte, der war ihm unbekannt. Er fragte, wohin Sigurd sich begeben wollte. Der antwortete: »Ein Roß will ich wählen, gib mir einen guten Rat dazu.« Er sprach: »Laß uns hingehen und sie nach dem Flusse treiben, der Busiltjörn heißt.« Sie trieben die Rosse hinein in die Tiefe des Flusses, aber alle schwammen ans Land außer einem Hengste – den nahm Sigurd. Er war grau an Farbe und jung von Jahren, groß von Wuchs und zu den besten Hoffnungen berechtigend; niemand hatte noch seinen Rücken bestiegen. Der bärtige Mann sprach: »Dieser Hengst stammt von Sleipnir[2], und er soll sorgfältig auferzogen werden, denn er wird besser werden als alle andern Rosse.« Da verschwand der Mann. Sigurd nannte den Hengst Gra-

---

[1] Hier fällt der Erzähler arg aus der Rolle und zieht die Sagenwelt in eine ritterliche Sphäre.
[2] Odins achtfüßiges Roß.

ni¹, und er ist der beste Hengst gewesen. Es war aber Odin, der zu ihm gekommen war.

Abermals sprach Regin zu Sigurd: »Zu wenig Gut hast du; das härmt mich, daß du umherläufst wie Dorfjungen: aber ich kann dir sagen, wo Aussicht ist, großen Hort zu erlangen, und es ist wohl zu erwarten, daß es Ehre bringt, ihn zu suchen, und Ansehen, wenn du ihn gewinnst.« Sigurd fragte, wo der wäre, und wer ihn bewachte. Regin antwortete: »Er heißt Fafnir und liegt nicht weit von hier entfernt, das heißt Gnitaheide². Und wenn du dahin kommst, so wirst du das sagen: niemals sahst du mehr Gut und Gold an einer Statt; und nicht bedarfst du mehr, wenn du auch aller Könige ältester und berühmtester werden solltest.« Sigurd antwortete: »Ich kenne die Art dieses Wurmes, obgleich ich noch jung bin, und ich habe gehört, daß niemand wagt, ihm entgegenzutreten wegen seiner Größe und seiner Schlechtigkeit.« Regin antwortete: »Das ist nicht der Fall. Seine Größe ist nach Art der Lindwürme; und es wird viel mehr daraus gemacht als daran ist. So würde es auch deine früheren Gesippen gedünkt haben; und obwohl die Art der Völsunge an dir ist, so wirst du doch nicht ihre Sinnesart haben, die da zuerst genannt werden, wenn man von tüchtigen Leuten spricht.« Sigurd antwortete: »Es kann sein, daß ich noch nicht viel von ihrem Mut oder ihrer Kühnheit habe; doch nicht verlangt es die Notwendigkeit, sie mir abzusprechen, denn ich bin nur wenig über das Kindesalter hinaus – warum reizest du mich so sehr dazu?« Regin antwortete: »Darüber gibt es eine Geschichte, und die will ich dir erzählen.« Sigurd sprach: »Laß mich hören.«

---

¹ Grani bedeutet »Hängelippe« oder »Grauer«. ² Nikolaus, Abt des Benediktinerklosters Thvera auf Island, schrieb nach eigener Anschauung einen Reiseführer für Pilger nach Rom und Palästina etwa 1150. Er reiste von Paderborn nach Mainz über die Landstädte Horus (Horhausen am Flusse Diemel) und Kiliandr (Kaldern bei Marburg): »da ist die Gnitaheide, wo Sigurd Fafnir tötete«. In der Mitte des 12. Jahrhunderts kann also die Kenntnis der alten Sagen in Sachsen oder Hessen noch nicht ganz erloschen gewesen sein, mag auch die Lokalisierung dadurch beeinflußt sein, daß die Rheingegenden als Hauptschauplatz der Wälsungensagen galten.

Die Vorgeschichte des Hortes

Damit beginnt diese Geschichte, daß mein Vater Hreidmar hieß, ein mächtiger und reicher Mann; Fafnir hieß sein einer Sohn, der andere Otr, und ich war der dritte und war der Untüchtigste an Geschicklichkeit und rüstigem Aussehen. Doch konnte ich Eisen bearbeiten, und aus Silber und Gold und allen Dingen fertigte ich etwas Nützliches. Mein Bruder Otr hatte ein anderes Handwerk und eine andere Anlage, er war ein gewaltiger Waidmann, über andre Männer hinaus; er war am Tage in einer Fischotter Gestalt, hielt sich stets in dem Strome auf und holte sich Fische mit seinem Maule herauf. Den Waidfang brachte er seinem Vater, und dem war das eine große Unterstützung. Meist hatte er die Gestalt einer Fischotter an sich, kam spät heim und aß blinzelnd und einsam, denn er konnte nicht ertragen zu sehen, daß es weniger wurde. Fafnir war bei weitem der größte und grimmigste und wollte alles, was da war, ausschließlich sein Eigentum nennen. Ein Zwerg hieß Andvari – fuhr Regin fort –, der war immer in dem Wasserfall, der Andvarafors heißt, in Hechtes Gestalt und fing sich da Speise, denn in jenem Wasserfall waren Fische die Fülle. Mein Burder Otr fuhr auch immer in diesen Wasserfall, holte Fische in seinem Munde herauf und legte jedesmal einen aufs Land.

Odin, Loki und Hönir[1] kamen einst auf ihrer Wanderung nach dem Andvarafors. Otr hatte einen Lachs gefangen und aß blinzelnd am Flußufer. Loki nahm einen Stein und warf Otr zu Tode. Die Asen wähnten sehr glücklich bei ihrem Fang zu sein und zogen den Balg von der Otter ab. Am Abend kamen sie zu Hreidmar und wiesen ihm ihre Beute vor. Da nahmen wir sie fest und legten ihnen als Buße und Lebenslösung auf, daß sie den Balg mit Gold füllten und ihn auch von außen mit rotem Golde verhüllten. Da sandten sie Loki, das Gold herbeizuschaffen. Er kam zu Ran[2], erhielt ihr Netz, fuhr dann nach dem Andvarafors und warf das Netz vor den Hecht – der sprang hinein. Da sprach Loki:

[1] Vgl. Edda I, 113 f. [2] Ran ist die Meeresriesin.

2 Was ist's für ein Fisch,
Der den Fluß durchfährt
Und schützt sich nicht vor Schaden?
Löse dein Haupt
Aus Hel jetzt los
Und hol mir Feuer der Flut[1].

Andvari sprach:

3 Andvari heiß' ich,
Oïn hieß mein Vater,
Manchen Stromfall durchstrich ich.
Unglücksnorne
In der Urzeit mir schufs,
Im Wasser mein Wesen zu treiben.

Loki sah das Gold, das Andvari besaß; aber als dieser das Gold entrichtet hatte, da hatte er noch einen Ring übrig; auch den nahm ihm Loki fort. Der Zwerg ging in einen Stein und sagte, daß dieser Goldring jedem, der ihn besitze, den Tod bringen sollte und ebenso all das Gold. Die Asen gaben Hreidmar den Hort, stopften den Otterbalg voll und stellten ihn auf die Füße; da sollten die Asen daneben Gold aufschichten und ihn von außen umhüllen. Aber als das getan war, da ging Hreidmar hinzu und sah noch ein Schnauzhaar hervorstehen und gebot, es zu verhüllen. Da zog Odin den Ring Andvaranaut[2] von seiner Hand und bedeckte damit das Haar.

Da sprach Loki:

4 Das Gold ist gezahlt,
Großes Bußgeld
Erhieltest du für mein Haupt.
Deinem Sohne
Schafft es nicht Segen,
Es bringt euch beiden den Tod[3].

---

[1] Skaldische Umschreibung für Gold. [2] D. h. Eigentum oder Kleinod des Andvari. Vgl. Rheingold, Vierte Szene. [3] Der auf eine Waffe oder ein Kleinod gelegte Fluch ist in Heldenromanen sehr beliebt. Aber nicht Alberichs Fluch macht den Ring verderbenbringend, sondern die lieblose Selbstsucht und Machtgier derer, die nach ihm geizen.

»Später erschlug Fafnir seinen Vater« – fuhr Regin fort – »und versteckte den Ermordeten, ich aber bekam nichts von dem Schatze. Er wurde so bösartig, daß er sich in die Wildnis zurückzog und keinem gönnte des Hortes zu genießen außer sich; er ward dann zu einem ganz wilden Wurme und liegt nun auf dem Horte. Darauf ging ich zu dem König und wurde sein Schmied. Das ist die Erzählung meiner Lebensgeschichte: ich entbehre des Vatererbes und der Bruderbuße. Das Gold wird seitdem Otterbuße genannt, und hiervon sind dichterische Umschreibungen genommen[1].« Sigurd sprach: »Viel hast du verloren, und sehr böse sind deine Gesippen gewesen. So schmiede mir ein Schwert mit deiner Geschicklichkeit, dem kein gleich gutes bereitet ist, und mit dem ich große Taten verrichten kann, wenn der Mut mir taugt, willst du anders, daß ich den großen Drachen erschlage.« Regin sprach: »Das schmiede ich mit Sicherheit, und du wirst mit dem Schwerte Fafnir erschlagen können[2].«

Die Schwertschmiedung

Regin schmiedete ein Schwert und gab es Sigurd in die Hand. Der nahm das Schwert und sprach: »Das ist schlechte Schmiedearbeit, Regin!« Er hieb auf den Amboß, und das Schwert zersprang. Er warf die Klinge weg und hieß ihn ein anderes, besseres schmieden. Regin schmiedete ein anderes Schwert und gab es Sigurd; der blickte es an. »Dieses wird dir gefallen«, sagte Regin, »aber schwierig ist es, für dich zu schmieden.« Sigurd versuchte dieses Schwert und zerbrach es wie das vorige[3]. Da sprach Sigurd zu Regin: »Du wirst deinen früheren Gesippen gleichen und treulos sein.«

Er ging zu seiner Mutter, sie empfing ihn freundlich; sie redeten

---

[1] Vorbilder für skaldische Umschreibungen. [2] Daß der Schmied seinen Zögling zum Drachenkampf reizt und ausstattet, stand schon im deutschen Schmied-Drachenlied. [3] Die dreimalige Schwertprobe ist unter dem Einflusse des Märchens vom »Starken Hans« nordische Neubildung des 11. Jahrhunderts; auffallend, daß sich Sigurd erst das dritte Mal des Odinsschwertes erinnert. Auch bei Wagner führt der Sohn des Vaters Waffe.

miteinander und tranken. Da sprach Sigurd: »Habe ich recht vernommen, daß König Sigmund dir das Schwert Gram in zwei Stücken übergab?« Sie antwortete: »Wahr ist das.« Sigurd sprach: »Gib es mir in die Hand! Ich will es haben.« Sie sagte, von ihm könne man Heldentaten erwarten, und gab ihm das Schwert. Sigurd ging zu Regin und bat ihn, daraus ein Schwert zu schaffen dem ausgezeichneten Stoff entsprechend. Regin ward ärgerlich und ging nach der Schmiede mit den Schwertstücken, ihm schien Sigurd schwer zu befriedigen hinsichtlich der Schmiedearbeit. Regin machte ein Schwert, und als er es aus der Esse hob, schien es den Schmiedegesellen, als ob Feuer aus den Schneiden brenne. Er hieß Sigurd es hinnehmen und sagte, er verstünde nicht ein Schwert zu schmieden, wenn dieses nicht die Probe aushielte. Sigurd durchhieb den Amboß und spaltete ihn bis zum Grund[1], aber das Schwert barst weder noch zersprang es. Er lobte es sehr, ging nach dem Flusse[2] mit einer Wollflocke und warf sie gegen den Strom: sie wurde zerschnitten, als er das Schwert entgegen hielt. Da ging Sigurd vergnügt heim. Regin sprach: »Du wirst dein Versprechen jetzt erfüllen, da ich das Schwert geschmiedet habe, und Fafnir aufsuchen.« Sigurd erwiderte: »Ich werde es erfüllen, aber vorher noch etwas anderes, nämlich meinen Vater rächen.« Sigurd wurde, je älter er ward, desto beliebter bei allen, so daß ihn jedes Kind herzlich liebte.

Gripir kündet Sigurd sein künftiges Geschick

Gripir hieß ein Mann, er war Sigurds Mutterbruder. Bald darauf nachdem das Schwert geschmiedet war, begab er sich zu Gripir, denn dieser war zukunftskundig und wußte die Schicksale der Menschen voraus. Sigurd forschte nach, wie sich sein Leben gestalten würde; aber Gripir war lange dagegen, schließlich sagte er auf Sigurds stürmische Bitte ihm all sein Schicksal, so wie es später eintraf. Und als Gripir diese Dinge gesagt hatte, so wie Sigurd

---

[1] Uhland; Wagner. [2] Der Rhein ist gemeint.

verlangt hatte, da ritt er heim. Bald darauf begegneten sich Sigurd und Regin. Da sprach dieser: »Töte Fafnir, wie du versprochen hast.« Sigurd antwortete: »Das will ich tun, doch zuvor noch etwas anderes, nämlich König Sigmund rächen und andere unserer Gesippen, die dort in jener Schlacht fielen.«

Sigurd erschlägt Lyngvi, Hjörvard und alle die Brüder

Darauf ging Sigurd zu den Königen Alf und Hjalprek und sprach zu ihnen: »Ich bin jetzt lange Zeit hier gewesen und habe euch aufrichtige Freundschaft zu lohnen und große Ehre. Aber jetzt will ich aus dem Lande fahren und Hundings Söhne aufsuchen; ich wollte, daß sie wüßten, daß die Völsunge noch nicht alle tot sind, hierzu wünsche ich eure Hilfe zu erhalten.« Die Könige sprachen, sie wollten alles gewähren, was er wünschte. Es ward ein großes Heer ausgerüstet und alles aufs beste eingerichtet, Schiffe und alles Heergerät, damit seine Fahrt prächtig wäre wie noch nie zuvor. Sigurd befehligte den Drachen[1], der das größte und stattlichste Schiff war; die Segel waren mit Sorgfalt gearbeitet und herrlich anzusehen.

Sie segelten mit gutem Winde ab. Als aber wenige Tage verstrichen waren, da kam ein großes Unwetter mit Sturm herauf, und die See war, als ob man in Blut sähe. Sigurd gebot, die Segel nicht zu reffen, wenn sie auch rissen, vielmehr gebot er, sie noch höher zu setzen als zuvor. Als sie an einem Vorgebirge vorüber segelten, da rief ein Mann zum Schiff hinauf und fragte, wer über die Heerschar zu befehlen habe. Ihm ward geantwortet, daß Sigurd, Sigmunds Sohn, da Führer wäre, »der jetzt der berühmteste aller jungen Männer ist«. Der Mann sprach: »Alle sagen einstimmig von ihm, daß keine Königssöhne mit ihm verglichen werden können. Ich wollte, daß ihr das Segel in irgendeinem Schiffe niederließet und mich aufnähmt.« Sie fragten ihn nach den Namen. Er antwortete:

---

[1] Der Vordersteven lief oft in einen geschnitzten Drachenkopf aus, der dem modernen Gallionsfiguren entspricht: daher wurde eine Gruppe von Kriegsschiffen »Drachen« genannt.

5 Junger Völsung[1]!
Wer auf der Walstatt
Die Raben nährte[2],
Nannte mich Hnikar.
Du magst auch heißen
Den Mann vom Berge[3]
Feng oder Fjölnir[4]
Mit will ich fahren.

Sie steuerten ans Land und nahmen den Alten auf in ihr Schiff. Da legte sich das Unwetter, und sie fuhren, bis sie ans Land im Reiche der Hundingssöhne kamen – da verschwand Fjölnir. Sie fuhren mit Feuer und Schwert dahin, erschlugen die Männer und verbrannten die Gebäude, und heerten, wohin sie kamen.
Das Volk floh von dannen zu König Lyngvi und sagte, daß ein Heer ins Land gekommen wäre und mit größerem Ungestüm daherführe, als daß man Beispiele dafür finden könnte; sie sagten, die Hundingssöhne seien nicht weitblickend, denn sie hätten gesagt, daß sie die Völsunge nicht fürchten würden: »jetzt aber führt dieses Heer Sigurd, Sigmunds Sohn«. König Lyngvi ließ durch sein ganzes Reich ein Heergebot ergehen. Er wollte sich nicht auf die Flucht begeben, sondern entbot zu sich alle Mannen, die ihm Hilfe leisten wollten. Er zog mit einem gar großen Heere Sigurd entgegen, und seine Brüder mit ihm. Da erhob sich die härteste Schlacht zwischen ihnen; da konnte man in der Luft sehen manchen Speer und Pfeil, manche Streitaxt mutig geschwungen, Schilde zerschroten und Brünnen zerschlissen, Helme zerhau'n und Schädel gespalten, und manchen Mann zur Erde stürzen. Und als die Schlacht schon lange Zeit so gedauert hatte, drang Sigurd vor, an den Bannern vorbei und hatte das

---

[1] Der junge Völsung ist nicht Sigurd, sondern muß Sigmund sein. Darum ist wohl zu lesen: Man nannte mich (Odin) Hnikar (den Kämpfer), als der junge Völsung kämpfte; jetzt kannst du nennen den. [2] In seinen Kämpfen – wie er jetzt Sigurd hilft. Die drei Beinamen Odins haben also in diesem Zusammenhange tiefern Sinn. Vermutlich greift Odin jetzt ein, weil Sigurd die Vaterwaffe neu geschmiedet hat. Sigmunds Tod und Sigurds Vaterrache werden also durch das Schwertmotiv zusammengehalten. [3] Auf dem Berge stehenden Mann (mich – Odin) [4] Feng (Beutemacher) oder Fjölnir (den sehr Weisen). Odin weist also auf den Schutz hin, den er früher Sigmund und seinem Geschlechte gewährt hat.

Schwert Gram in der Hand: er hieb beides, Reiter und Rosse, nieder, stürmte durch die Schlachtordnung und hatte beide Arme blutig bis zur Achsel; das Volk floh davon, wo er nur hinkam; vor ihm hielt weder Helm noch Harnisch – niemand glaubte zuvor einen solchen Mann gesehen zu haben. Diese Feldschlacht dauerte lange, viele Männer fielen, heftig war der Angriff. Da geschah, was sich selten mag begeben, wo das Landheer stets zuströmt, daß es doch zu nichts führte: es fielen da so viele auf seiten der Hundingssöhne, daß niemand ihre Zahl anzugeben wußte. Als Sigurd zuvorderst in der Schlachtordnung stand, kamen ihm die Söhne König Hundings entgegen. Sigurd hieb nach König Lyngvi und spaltete ihm Helm und Haupt und den gepanzerten Leib. Darauf hieb er Hjörvard, dessen Bruder, in zwei Stücke und erschlug dann alle Hundingssöhne, die noch am Leben waren, und den größten Teil ihres Heeres.
Nun kehrte Sigurd mit glänzendem Siege, großem Gute und Ruhm zurück, so er auf diesem Zuge gewonnen hatte. Da wurden für ihn Gastmähler daheim im Reiche bereitet. Und als Sigurd kurze Zeit daheim gewesen war, suchte Regin wiederum eine Unterredung mit ihm und sagte: »Nun wirst du Fafnir den Helm vom Haupte stoßen wollen, wie du versprochen hast, denn nun hast du deinen Vater und deine anderen Gesippen gerächt.« Sigurd antwortete: »Ich werde das erfüllen, was ich verheißen habe – es kommt mir nicht aus dem Gedächtnis.«

Regin und Sigurd reiten

Nun ritten sie, Sigurd und Regin, hinab auf die Heide zu dem Wege, auf dem Fafnir zu kriechen pflegte, wenn er sich hinab nach dem Wasser begab; und das wird erzählt, daß die Klippe dreißig Klafter hoch war, auf der er am Wasser lag, wenn er trank. Da sprach Sigurd: »Du sagtest doch, Regin, daß der Drache nicht größer wäre als ein Lindwurm, aber mir scheint seine Wegspur übermäßig groß.« Regin sprach: »Mach eine Grube und setz dich hinein; wenn der Wurm nach dem Wasser kriecht,

dann stich ihm das Schwert ins Herz und bring ihn so zu Tode –
davon gewinnst du großen Ruhm.« Sigurd antwortete: »Wie
wird es dann ergehen, wenn ich mit dem Blute des Wurms in Berührung komme?« Regin sprach: »Nicht kann ich dir Rat erteilen, denn bange bist du vor allem und jedem und gleichst wenig
deinen Gesippen an Heldenmut.«

Sigurd ritt dann auf die Heide, Regin aber machte sich davon,
überaus bange. Sigurd grub eine Grube, und als er bei dieser Arbeit war, kam zu ihm ein alter Mann mit langem Barte[1] und fragte, was er da mache. Er gab es an. Da sprach der alte Mann: »Das
ist unrätlich; mach mehrere Gruben und laß da hinein das Blut
rinnen, du aber setz dich dort hinein und stoß dem Wurm das
Schwert ins Herz.« Da verschwand der Mann. Sigurd aber
machte Gruben, wie ihm vorgeschrieben war.

Und als der Wurm nach dem Wasser kroch, ward ein so starkes
Erdbeben, daß die ganze Erde in der Nähe bebte. Er schnob den
ganzen Weg Gift vor sich her. Sigurd aber erschrak nicht, noch
fürchtete er sich vor dem Getöse; als der Wurm über die Grube
kroch, da stieß ihm Sigurd das Schwert unter dem linken Bug
hinein, so daß es bis an den Griff eindrang. Dann sprang Sigurd
aus der Grube hervor, zog das Schwert an sich und hatte die ganzen Arme blutig bis zur Achsel hinauf. Als der große Wurm seine
Todeswunde fühlte, da schlug er mit Haupt und Schwanz, so daß
alles entzweibrach, was ihm in den Weg kam. Und als Fafnir die
Todeswunde empfangen hatte, da fragte er: »Wer bist du, und
wer ist dein Vater, und welches ist dein Geschlecht, daß du so
kühn bist und wagst, die Waffen wider mich zu tragen?« Sigurd
sprach: »Mein Geschlecht ist den Menschen unbekannt. Ich
heiße edles Tier[2], habe keinen Vater noch Mutter, und allein bin
ich gewandert[3].« Fafnir antwortete: »Wenn du keinen Vater
noch Mutter hast, von welchem Wunderwesen bist du denn geboren? Und wenn du mir auch in meiner letzten Stunde deinen
Namen nicht nennst, so heiß ich dich Lügner.« Fafnir erwiderte:

---

[1] Cdin. [2] Bezeichnung für Mensch im Gegensatz zu Fafnir, der »eine Schlange« ist (oder ein Mensch in Schlangengestalt) und ein anderes Wesen. Eine andere Erklärung Edda I, 117. [3] Nach der deutschen Siegfriedsage wächst der Held ohne Vater und Mutter auf.

»Wer reizte dich zu dieser Tat, und wodurch ließest du dich dazu reizen? Hattest du nicht gehört, wie alles Volk sich fürchtete vor mir und meinem Schreckenshelm[1]? Du helläugiger Knabe hattest einen tapfern Vater.« Sigurd antwortete: »Hierzu reizte mich mein Mut, meine starke Rechte half mir dazu, daß es ausgeführt wurde, und dieses scharfe Schwert, das du soeben kennenlerntest – keiner noch ward kühn als Greis, der in der Kindheit kraftlos war.« Fafnir erwiderte: »Das weiß ich, daß du, wenn du bei deinen Gesippen aufgewachsen wärst, zornig zu kämpfen wissen würdest. Aber das ist höchst wunderbar, daß ein Kriegsgefangener, der Ketten trug, sich erkühnt haben sollte, gegen mich zu kämpfen – denn Unfreie sind immer voll Angst im Kampfe.« Sigurd sprach: »Du wirfst mir vor, daß ich fern von meinen Gesippen weilte; aber ob ich auch kriegsgefangen war, so trug ich doch keine Ketten; und du hast es gefühlt, daß ich frei war.« Fafnir antwortet: »Als Zorneswort faßt du alles auf, was ich sage – aber dieser Hort, den ich gehabt habe, bringt dich zur Hel.« Sigurd sprach: »Jeder will seines Reichtums raten bis zu seinem Todestage, und einmal muß doch jeder sterben.« Fafnir antwortete: »Wenig willst du nach meinen Ratschlägen handeln; aber ertrinken wirst du, wenn du unvorsichtig über See fährst – warte lieber am Lande, bis der Wind sich legt.« Sigurd sprach: »Sage mir, Fafnir, wenn du viel erfahren bist: Welcher Art sind die Nornen, die Mütter erlösen von Leibesfrucht?« Fafnir entgegnete: »Viel sind sie und verschieden gestaltet. Etliche stammen von den Asen, etliche von den Alfen, und etliche von Dvalins[2] Geschlecht.« Sigurd fragte: »Wie heißt das Eiland, wo die Asen den Schwerttau[3] zusammen mit Surt mischen?« Fafnir antwortete: »Oskopnir heißt es.« Fafnir sprach weiter: »Regin, mein Bruder, riet mir den Tod, und das freut mich, daß er auch dir den Tod rät – so geschieht es dann, wie er wollte.« Weiter sprach Fafnir: »Den Schreckenshelm trug ich zum Schutz gegen alles Volk, seitdem ich auf dem Erbe meines Bruders lag; und so schnob ich

---

[1] Fafnirs Kopfschmuck Ögishjalm ist ein Schrecken erregendes Diadem, nicht ein Helm, das altnordische Wort in der letzten Silbe lautet beide Male gleich. [2] Aus dem Geschlechte der Zwerge.
[3] Dichterische Umschreibung für Blut; den Schwerttau mischen = kämpfen.

Gift nach allen Seiten hin von mir fort, daß niemand noch mir zu nahen wagte; kein Schwert schreckte mich, und nie fand ich so viele Männer mir gegenüber, daß ich mich nicht weit stärker dünkte, alle aber hatten Angst vor mir.« Sigurd antwortete: »Der Schreckenshelm, von dem du schwatzest, schützt wohl keinen; denn jeder, der mit vielen zusammentrifft, findet das irgend einmal, daß keiner der Kühnste ist.« Fafnir antwortete: »Das rate ich dir, nimm dein Roß und reite schleunigst von hinnen; denn oft begibt es sich, daß der, der die Todeswunde empfängt, sich selber rächt.« Sigurd antwortete: »Das ist dein Rat, aber anders werde ich handeln: ich werde nach deiner Behausung reiten und dort den reichen Hort holen, den deine Gesippen besessen haben.« Fafnir entgegnete: »Du wirst dahin reiten, wo du so viel Gold findest, daß es für dein Leben ausreicht – aber der Hort bringt dich zur Hel und jeden andern, dem er gehört.« Sigurd stand auf und sagte: »Heim würde ich reiten, und sollte ich auch dieses viele Gold missen, wenn ich wüßte, daß ich niemals zu sterben brauchte – doch jeder kühne Mann will schalten mit dem Schatz bis zu dem einen Tage. Du aber, Fafnir, liege im letzten Todeskampfe, wo dich Hel habe!« Und da starb Fafnir.

Regin trinkt Fafnirs Blut

Darauf kam Regin zu Sigurd und sprach: »Heil, mein Herr, großen Sieg hast du erstritten, da du Fafnir gefällt hast; ihm gegenüber war bisher keiner so kühn, daß er auf seinem Wege zu sitzen wagte, und diese Heldentat wird im Gedächtnis fortleben, solange die Welt steht.« Nun stand Regin auf und sah lange Zeit zur Erde nieder, dann sagte er in großer Erregung: »Meinen Bruder hast du erschlagen, und schwerlich bin ich selbst schuldlos an dieser Tat.« Da nahm Sigurd sein Schwert Gram, wischte es am Grase ab und sagte zu Regin: »Weit fort schlichst du, als ich diese Tat vollbrachte; ich versuchte dies scharfe Schwert mit meiner Hand, meine Kraft setzte ich wider des Wurmes Macht, während du dich im Heidekraut verkrochst und Himmel und Erde nicht

unterscheiden konntest.« Regin antwortete: »Dieser Wurm hätte lange liegen können in seiner Behausung, wenn du das Schwert nicht benutzt hättest, das ich dir schuf mit meiner Hand – weder du hättest das vollbracht noch ein anderer.« Sigurd entgegnete: »Wo Tapfere sich treffen zum Streite, da ist dem Manne Mut mehr wert als sein scharfes Schwert.« Da sagte Regin zu Sigurd in schwerem Kummer. »Du hast meinen Bruder erschlagen, und schwerlich bin ich selbst schuldlos an dieser Tat.«
Darauf schnitt Regin das Herz aus dem Wurme mit dem Schwerte, das Ridil hieß. Da trank Regin Fafnirs Blut und sprach: »Gewähre mir eine Bitte, die leicht auszuführen ist: geh zum Feuer mit dem Herzen, brat es und bring es mir zum Essen.« Sigurd ging und briet das Herz am Spieße, und als der Saft herausquoll, rührte er mit seinem Finger daran und probierte, ob es schon gebraten wäre. Er verbrannte sich und steckte den Finger in seinen Mund; und als das Herzblut des Wurms ihm an die Zunge kam, da verstand er die Vogelsprache.

Sigurd ißt das Drachenherz

Er hörte, wie Meisen im Gezweig neben ihm zwitscherten: »Da sitzt Sigurd und brät Fafnirs Herz. Das sollte er selber essen, dann würde er weiser als irgendwer.« Die zweite Meise sang: »Da liegt Regin und will den betrügen, der ihm traut.« Die dritte sang: »Er haue das Haupt ihm ab, dann mag er allein mit den vielen Schätzen schalten.« Da sang die vierte: »Da würde er weiser, wollte er nützen den guten Rat, den ihr ihm gegeben hattet, ritte darauf zum Lager Fafnirs, nähme das viele Gold, das dort liegt, und ritte sodann hinauf nach Hindarfjall[1], wo Brynhild schläft – dort wird er große Weisheit lernen. Dann wäre er weise, wenn er euren Rat befolgte und auf seinen Vorteil sänne – da erwarte ich den Wolf, wo ich seine Ohren sah[2].« Da sang die fünfte: »Nicht

[1] »Berg der Hindin«. [2] Sprichwörtlich.

ist er so weise, wie ich bisher wähnte, wenn er seiner schont, nachdem er vorher seinen Bruder gefällt hat.« Da sang die sechste: »Das wäre ein richtiger Rat, wenn er ihn erschlüge und allein des Hortes waltete.« Da sagte Sigurd zu sich selbst: »Das Unheil soll nicht eintreten, daß Regin mir das Leben raubt. Lieber sollen beide Brüder denselben Weg gehen.« Er zückte das Schwert Gram und hieb Regin das Haupt ab. Darauf aß er einen Teil des Herzens des Wurmes, aber etwas verwahrte er[1].

Sodann schwang er sich auf sein Roß, ritt der Spur Fafnirs nach bis zu seiner Höhle und fand, daß sie offen war: alle Türen waren von Eisen, ebenso alle Türgerüste, von Eisen waren auch alle Pfeiler im Hause, und dieses stand ganz in der Erde. Sigurd fand da eine große Menge Goldes und das Schwert Hrotti, er nahm da den Schreckenshelm und die Goldbrünne und viele Kostbarkeiten. Er fand da so viel Gold, daß ihm wahrscheinlich schien, daß zwei oder drei Rosse nicht mehr auf ihrem Rücken würden tragen können. Er nahm alles Gold und tat es in zwei große Kisten. Darauf nahm er das Roß Grani beim Zügel, aber das Roß wollte nicht gehen, und es nützte nichts, es anzuspornen. Da merkte Sigurd, was der Hengst wollte; er schwang sich auf seinen Rücken und gab ihm die Sporen: da rannte das Roß, wie wenn es ohne Bürde wäre.

Sigurd und Brynhild

Sigurd ritt weite Wege, bis daß er hinauf zum Hindarfjall kam, und wandte sich südwärts nach Frankenland. Auf dem Berge sah er vor sich ein großes Licht, wie wenn ein Feuer brennte, und der Schein ging davon bis zum Himmel empor. Als er aber herankam, stand vor ihm eine Schildburg[2], und über ihr flatterte eine

---

[1] Vom Erzähler hier eingefügt, weil nach Seite 66 Sigurd Gudrun davon zu essen gab, wodurch sie grimmiger, aber auch klüger wurde. Nach dem I. Gudrunsliede aß Gudrun von Fafnirs Herzen und lernte die Sprache der Vögel verstehen. Beide Züge sind nicht sagenecht. [2] Die Schildburg ist ein kreisförmiger Zaun aus aufrecht stehenden, aneinanderschließenden Schilden (Edda I, 131, 105).

Fahne. Sigurd ging durch den Schildzaun und sah, daß da ein Mensch schlief und lag in voller Rüstung. Er nahm ihm zuerst den Helm vom Haupte und sah, daß es ein Weib war: sie war im Panzer, und der saß so fest, wie wenn er ans Fleisch festgewachsen wäre. Da schlitzte Sigurd die Brünne durch oben von der Halsöffnung an bis ganz hernieder und ebenso die beiden Ärmel entlang, sie wurde zerschnitten wie ein Kleid. Sigurd sagte, sie habe gar lange geschlafen. Sie fragte, was so stark gewesen wäre, daß es die Brünne zerschnitt »und meinen Schlaf brach? Sigurd wird hergekommen sein, Sigmunds Sohn, der den Helm Fafnirs hat und seinen Töter in der Hand?« Sigurd antwortete: »Der ist vom Geschlechte der Völsunge, der diese Tat vollbracht hat, und das habe ich gehört, daß du eines mächtigen Königs Tochter bist; ebenso ist mir erzählt worden von deiner Schönheit und Weisheit, das will ich jetzt erproben.« Brynhild antwortete: »Zwei Könige kämpften gegeneinander; der eine hieß Hjalmgunnar, er war alt und der tapferste Krieger, und Odin hatte ihm den Sieg verheißen; der andere hieß Agnar oder Audabrodir[1]. Ich fällte Hjalmgunnar im Kampfe, Odin aber stach mich mit dem Schlafdorn[2] zur Strafe dafür und sagte, daß ich nimmer fortan Sieg im Kriege erkämpfen sollte, und er gebot, daß ich mich vermählen sollte. Ich aber tat ein Gelübde dagegen, mich keinem solchen zu vermählen, der sich fürchten könnte[3].« Sigurd sprach: »Erteile mir Rat zu hohen Dingen.« Sie antwortete: »Du wirst der Weisere sein – doch gern will ich dich lehren, wenn unter dem, was ich an Runen weiß oder andern Dingen, die zu jeder Sache nützlich sind, etwas ist, das dir gefallen möchte. Laß uns beide zusammen trinken: mögen die Götter uns einen guten Tag geben, daß dir werde Nutzen und Ruhm von meiner Weisheit her und

---

[1] Sigmund und Hunding. [2] Der Schlafdorn ist ein beliebtes Requisit der Heldenromane und Volkssagen (Vgl. Hrolf Kraki, Kap. König Helgi besucht Olof). Wagner hat dafür, weit poetischer, den Kuß auf beide Augen, der die Göttlichkeit von Brünnhilde nimmt. Dornröschen gehört nicht hierher, denn sie wird nicht mit dem Schlafdorn gestochen, sondern sticht sich an Lein oder Spindel. In Schneewittchen wird der Zauberschlaf durch Anlegen eines Ringes oder eines einschnürenden Kleidungsstückes bewirkt. [3] Brünnhilde selbst erbittet von Wotan die schützende Waberlohe.

du dich später dessen erinnerst, was wir reden.« Brynhild füllte
einen Becher, brachte ihn Sigurd dar und sprach[1]:

> 5 Bier ich bringe dir,
> Brünnenthings Walter[2]!
> Mit Stärke gemischt
> Und solzem Ruhm;
> Gewürzt mit Weisheit
> Und Wundsegen,
> Mit Zauberliedern
> Und Liebeszeichen.
>
> 7 Siegrunen sollst du kennen,
> Wenn du klug willst sein,
> Grab' in des Schwertes Griff sie,
> In Rinne und Rücken.
> Zu Tyr[3] zu rufen
> Zweimal, zaudere nicht!
>
> 8 Brandungsrunen sollst du brauchen,
> Wenn du willst geborgen haben
> Auf der See die Segelrosse;
> In das Steuer die Stäbe,
> Ins Ruder brenne die Runen,
> Nicht so schwer ist die Sturzsee,
> So schwarz nicht ihr Schwall,
> Die Landung gelingt dir doch sicher.

---

[1] Zu dem Gedicht »Die Erweckung der Walküre«, der Krone unter allen Heldenliedern, haben von den folgenden Strophen nur gehört: Str. 6, 20, 21, zweifelhaft Schluß von Kap. Brynhilds weise Ratschläge. Nach Str. 6 reicht Brynhild einen Becher voll Lieder und Freuderunen, guter Zaubergesänge und Glücksstäbe: der Trank hat durch »magisches Behandeln« die Kraft erhalten, den, der ihn trinkt, zum rechten Helden zu machen, zur Verkörperung von Kraft, Stärke und Ruhm und ihm Heilkraft sowie Liebesgunst zu verschaffen. In den folgenden Strophen aber werden die Runen als Zauberzeichen aufgefaßt, als Dinge voller Zauber- und Wunderkraft. Zunächst, Str. 7–14, werden Runen aufgezählt nach der Verschiedenheit ihrer Anwendung, dann, Str. 15–19, Runen als die geheimnisvollen Zeichen der wesentlichen Kraft aller Dinge und ihre Verteilung durch die ganze Welt. [2] Dichterische Umschreibung für Held; die Brünnenversammlung ist die Schlacht. [3] Tyr ist der Gott des Krieges.

9 Rederunen[1] sollst du kennen,
Dann erreichst du, daß keiner
Mit Haß vergilt dir Harm;
Die winde man,
Die webe man,
Die setze man alle zusammen
Auf der Landgemeinde,
Wenn die Leute sollen
Zu gerechten Gerichten reiten.

10 Älrunen sollst du kennen,
Soll die Frau eines andern
Nicht trügen dich, wenn du traust[2];
Ins Trinkhorn sie ritze,
Auf den Rücken der Hand,
Auf das Nagelzeichen »Not«[3].

11 Den Becher sollst du segnen,
Vor Bösem dich hüten
Und tu in den Trank Lauch;
Das weiß ich gewiß,
Dir wird dann auch niemals
Mit Gift gemischt der Met.

12 Bergerunen sollst du lernen,
Beim Gebären zu helfen
Und Frau'n von der Frucht zu befreien;
Schreib in die Hand sie,
Umschling dann die Kranke,
Hohe Frauen bitte um Beistand[4].

---

[1] »Kniffe zum Rechtsverdrehen« auf dem Thing, um den Gegner im Prozeß zu besiegen. [2] Vgl. Borghild, die Sinfjötli Gift im Willkommenbecher reicht, oder Grimhild, nach deren Trank Sigurd Brynhild vergißt. [3] »Not« ist der runische Name des Buchstaben N. [4] In die Innenseite seiner Hand soll man Runen malen und damit die Glieder der Kreißenden umspannen – wunderlich, daß Sigurd nach so kurzer Bekanntschaft von Brynhild schon in Hebammenkünste eingeweiht wird.

13 Astrunen sollst du kennen,
Wenn du Arzt willst werden
Und Wunden, die schlimm sind, beschauen,
In die Borke und Blätter
Des Baumes sie ritze,
Dessen Äste sich neigen nach Osten.

14 Denkrunen sollst du lernen,
Wenn du allen Degen
Überlegen sein willst an List,
Die erriet,
Die ritzte ein
Hropt[1], der sie ersann[2].

15 Auf den Stahlschild sind sie geritzt,
Der steht vor dem strahlenden Gott[3],
Auf Arvaks[4] Ohr
Und auf Alfvinns[5] Huf,
Auf dem Rade, das rollt
Unter Rögnirs[6] Wagen,
Auf Sleipnirs[7] Gebiß
Und des Schlittens Bindebalken.

16 Auf des Bären Pranke
Und Bragis[8] Zunge,
Auf den Klauen des Wolfs,
Des Adlers Krummschnabel
Und blutigen Schwingen,
Und aufs Ende der Brücke,
Auf erlösende Hand[9]
Und heilende Fußspur[10].

---

[1] Ein Name Odins. [2] Mit Str. 15 beginnt eine zweite Gruppe von Runen; sie könnte aus dem Medizinsack eines Naturvolkes stammen und bevorzugt wunderlich die Greif- und Beißorgane einzelner Tiere. [3] Der Schild Dvalin steht vor der Sonne und dämpft ihre Glut. [4] Frühwach und [5] Allstark sind die Rosse des Sonnenwagens. [6] Ein anderer Name Odins. [7] Sleipnir ist Odins achtfüßiger Hengst. [8] Bragi ist der Gott der Dichtkunst. [9] Der Geburtshelferin. [10] Auf Steinen der Bronzezeit finden sich paarweise Fußsohlenzeichen. Nach unserem Gedicht trugen sie ursprünglich Runenzeichen, die nachher abgeschabt wurden: so ging ihre magische Kraft gleichsam in einen

17 Auf Glas und auf Gold
   Und auf gutes Silber,
   In Bier und in Wein
   Und der Völva Sitz,
   Auf Gungnirs[1] Spitze
   Und Granis[2] Brust,
   Am Nagel der Norne
   Und der Nachteule Schnabel.

18 Abgeschabt waren alle,
   Die eingeritzt waren,
   Und mit heiligem Met gemischt[3]
   Und gesandt in die weite Welt;
   Die sind bei den Elben,
   Die bei den Asen
   Und die bei den weisen Vanen,
   Und manche haben die Menschen.

19 Das sind die Buchenrunen
   Und Bergrunen
   Und alle Älrunen
   Und köstlichen Kraftrunen,
   Dem der sie ungeirrt
   Und unverwirrt[4]
   Sich zum Heile hat.
   Nütze, was du vernommen,
   Bis die Götter vergehen[5].

allgemeinen Schatz von Zauberkraft über, aus dem dann wieder die göttlichen und menschlichen Magier schöpften. Das beschreibt Str. 18. Man denke auch an das Mischen des Bluts in der Fußspur, um Blutsbrüderschaft herbeizuführen.

[1] Gungnir ist Odins Speer. Aus dieser dürren Notiz stammen die Vertragsrunen, die in Wotans mächtigen Speer eingeschnitten sind (V, 222; VI, 104, 178). Wotans ganze Herrlichkeit symbolisiert dieses Wahrzeichen, darum muß es zerspringen, wenn jene vergeht. Musikalisch ist darum auch das Speer- oder Vertragsmotiv der Ausdruck von Wotans Unfreiheit. [2] Grani ist Sigurds Roß, bei Wagner ursprünglich Brünnhildes. [3] Der heilige Met der Dichtkunst ist gemeint, von dem Odin den Himmlischen und Menschen mitteilt. [4] Durch Verwechseln der Runen kann schwerer Schaden entstehen. [5] Beim Ragnarök. – Das ganze Gedicht faßt Wagner in Brünnhildes Worten zusammen: »Was Götter mich wiesen, gab ich dir: heiliger Runen reichen Hort« (VI, 183).

20 Wählen jetzt sollst du,
Die Wahl steht dir frei,
Scharfer Schwerter-Baum[1]!
Neigen oder Schweigen
Entscheide du selbst,
Jedes Wort ist wohl erwogen.

Sigurd antwortete:
21 Nicht werde ich fliehn,
Weißt du auch todgeweiht mich,
Ich bin nicht als Banger geboren;
Den Besitz deiner Liebe
Soll ich genießen,
Solange wie ich lebe.

Brynhilds weise Ratschläge

Sigurd sagte: »Nimmer findet sich eine weisere Frau in der Welt, als du bist, lehre mich noch mehr klugen Rat!« Sie antwortete: »Deinem Wunsche kann gewillfahrt und dir freundschaftlicher Rat erwiesen werden, wegen deiner Wißbegier und wegen deines Drangs nach Weisheit.« Da begann sie: »Sei gut zu deinen Verwandten und räche nicht Feindseligkeiten an ihnen, sondern trag sie mit Geduld, und du erlangst davon langwährendes Lob.
Nimm dich in acht vor Bösem, verführe kein Mädchen und keines Mannes Frau, davon kommt oft Unheil.
Werde nicht uneinig mit Toren auf dem Thing, das von vielen Menschen besucht ist: sie schwatzen oft Schlimmeres nach, als sie wirklich wissen, und du wirst sofort für einen Feigling erklärt, und es wird geglaubt, daß du mit Recht beschuldigt seist – töte ihn am andern Tage und lohne so seine Lüge. Wenn du einen Weg fährst, wo arge Unholde wohnen, hüte dich: nimm nicht Herberge dicht an der Straße, wenn auch die Nacht dir nahe ist,

---

[1] Dichterische Umschreibung für Held.

denn oft hausen da arge Unholde, die die Menschen irreführen. Laß dich nicht schöne Frauen betrügen, wenn du sie auch bei Festen siehst, so daß es dir den Schlaf raubt oder du davon Herzenskummer erhältst – locke sie nicht an dich mit Küssen oder anderer Freundlichkeit.

Wenn du törichte Worte trunkener Männer hörst, so hadere nicht mit ihnen, während sie weintrunken sind und ihre Sinne nicht beisammen haben – solches bringt dem einen groß Elend, dem andern Tod.

Lieber ficht mit deinen Feinden, als daß du dich im Feuer verbrennen läßt.

Und schwör keinen falschen Eid, denn grimmige Rache folgt dem Friedensbruche.

Handle nicht lieblos an Leichen Siechtoter[1], Seetoter oder durch Waffen Getöteter – bestatte Verstorbene sorgfältig! Traue nicht dem, dem du zuvor den Vater getötet hast oder den Bruder oder einen andern nahen Verwandten, wenn er auch noch jung ist – oft erwächst dir ein Wolf in einem Waisenkind.

Sei auf der Hut vor verräterischen Ränken deiner Freunde. Zwar kann ich wenig von deinem Leben voraussehen – doch sollte nicht Haß von Schwägern über dich kommen!«

Sigurd sprach: »Einen gescheitern Menschen als dich gibt es nicht. Und das schwöre ich, daß ich dich zur Frau haben will, du bist nach meinem Herzen.« Sie antwortete: »Dich will ich am liebsten haben, und hätt' ich unter allen Männern zu wählen.« Und dies bekräftigten sie mit Eiden untereinander.

Sigurds Aussehen

Darauf ritt Sigurd fort[2]. Sein Schild war so abgebildet: er war überzogen mit rotem Golde, und darauf war gemalt ein Drache, der war dunkelbraun an der obern und schön rot an der untern Hälfte, und auf dieselbe Weise war sein Helm und Sattel und

---

[1] An einer Krankheit Gestorbener. [2] Dieses Kapitel ist aus der Geschichte von Dietrich von Bern entlehnt.

Waffenrock abgebildet. Er trug eine Goldbrünne, und alle seine Waffen waren mit Gold geschmückt. Und deshalb war ein Drache auf allen seinen Waffen abgebildet, daß man, wenn dieser Drache gesehen wird, wissen kann, wer dort reitet, ein jeder von allen denen, die erfahren haben, daß er den großen Drachen erschlug, den die Wäringer[1] Fafnir nennen. Und deshalb waren alle seine Waffen mit Gold geschmückt und braun von Farbe, weil er weit voraus war vor allen andern Männern an ritterlichem Anstand und höfischem Benehmen und fast in allen Dingen. Und wenn alle die stärksten Kämpen und die berühmtesten Häuptlinge aufgezählt werden, da wird er stets als der erste genannt werden, und sein Name geht in allen Sprachen nördlich vom Griechischen Meer, und so wird es bleiben, solange die Welt steht.

Sein Haar war braun von Farbe, schön anzusehen und fiel in langen Locken herab; sein Bart war dicht, kurz und von derselben Farbe. Er hatte eine hohe Nase und ein breites, starkknochiges Antlitz. Seine Augen waren so scharf, daß wenige wagten, ihm unter die Augenbrauen zu blicken. Seine Schultern waren so breit, als ob es die Schultern von zwei Männern wären. Sein Leib war ganz ebenmäßig geschaffen an Höhe und Dicke und auf solche Weise, wie es am besten paßte. Es gibt dies Merkzeichen seiner Größe, daß, wenn er sich mit seinem Schwerte Gram umgürtete (und das war sieben Spannen hoch) oder durch ein reifes Roggenfeld ging, der Tauschuh am Schwerte[2] nach unten die emporstehenden Ähren berührte. Seine Stärke war noch größer als sein Wuchs.

Wohl vermochte er mit dem Schwerte anzugreifen, den Speer zu schießen, den Schaft zu werfen, den Schild zu halten, den Bogen zu spannen oder Rosse zu reiten, und mancherlei Ritterschaft lernte er in der Jugend. Er war ein weiser Mann, so daß er noch ungeschehene Dinge voraus wußte; er war vogelsprachenkund, und deshalb kamen ihm wenige Dinge unerwartet. Im Reden war er ausführlich und gewandt, er begann nicht von einer Sache zu

---

[1] Nordleute im Dienste des byzantinischen Kaisers, dann Skandinavier überhaupt. [2] D. h. die Spitze der Scheide.

sprechen, daß er früher aufgehört hätte, als bis es allen schien, wie wenn es nicht anders sein könnte als so, wie er sagte. Und das war seine Lust, seinen Mannen Hilfe zu leisten und sich selbst in Heldentaten zu versuchen, seinen Feinden Gut abzunehmen und es seinen Freunden zu geben. Nie mangelte es ihm an Mut, und niemals kannte er Furcht.

Sigurd kommt zu Heimir

Sigurd ritt, bis daß er zu einem großen Hofe kam; darüber herrschte ein mächtiger Häuptling, der Heimir[1] hieß. Er hatte Brynhilds Schwester zur Frau, die Bekkhild[2] hieß, denn sie war daheim geblieben und hatte weibliche Handarbeiten gelernt; Brynhild aber trug Helm und Brünne und zog in den Krieg – darum ward sie Brynhild genannt. Heimir und Bekkhild hatten einen Sohn, der Alsvinn hieß, an ritterlichem Anstand alle übertreffend.

Dort spielten Männer draußen; und als sie den Ritt des Helden nach dem Hofe sahen, hörten sie auf mit Spielen und verwunderten sich über den Mann, denn sie hatten noch keinen solchen gesehen; sie gingen ihm entgegen und begrüßten ihn freundlich. Alsvinn bot ihm an, bei ihm zu bleiben und von ihm anzunehmen, was immer er wollte. Sigurd nahm das an. Es wurde angeordnet, daß man ihm in ehrenvollster Weise diente: vier Mann hoben das Gold vom Rosse, der fünfte nahm es in Empfang. Da konnte man manche gute und selten zu sehende Kleinode schauen, und man unterhielt sich damit, Panzer und Helme und große Ringe zu besehen und wunderbar große Goldbecher und Heergeräte aller Art.

Sigurd verweilte hier lange in großen Ehren: bekannt wurde damals diese Heldentat in allen Landen, daß er den furchtbaren Drachen erschlagen hatte. Sigurd und Alsvinn liebten sich sehr,

---

[1] Heimir ist eine deutsche Sagengestalt, gehört zur Svanhildsage und ist wegen der Gleichheit der zweiten Silbe mit Brynhild zusammengebracht. [2] d. h. die Hild auf der Bank, im Gegensatz zu der umherschweifenden, mit der Brünne bekleideten kriegerischen Schwester.

es war ein jeder dem andern hold. Sie unterhielten sich damit, ihre Waffen zuzurüsten, hölzerne Pfeilschäfte zu schnitzen und mit ihren Habichten zu beizen.

Sigurds Gespräch mit Brynhild

Da war auch heimgekommen zu Heimir Brynhild, seine Pflegetochter: sie saß im Frauengemach mit ihren Mägden, sie hatte mehr Geschicklichkeit denn andre Frauen. Sie überspann ihre Gewebe mit Gold und stickte darauf die Heldentaten, die Sigurd verrichtet hatte: den Tod des Wurmes, die Erwerbung des Hortes und den Tod Regins.
Und eines Tages, so wird erzählt, ritt Sigurd in den Wald mit seinen Hunden und Habichten (Falken) und vielem Gefolge, und als er heimkam, flog ein Habicht auf einen hohen Turm und setzte sich an ein Fenster. Sigurd stieg dem Habicht nach; da sah er ein schönes Weib und erkannte, daß es Brynhild war, und ihn dünkte beides gleich wertvoll, ihre Schönheit und die Arbeit, an der sie stickte.
Er ging in die Halle und wollte keine Unterhaltung mit den Männern haben. Da sprach Alsvinn: »Warum bist du so schweigsam? Dies dein Gebaren härmt mich und deine Freunde – warum kannst du nicht fröhlich sein? Deine Habichte lassen den Kopf hängen und ebenso dein Hengst Grani – wir werden dem nur langsam abhelfen können.« Sigurd antwortete: »Guter Freund, höre, was ich überlege: mein Habicht floh auf einen Turm, und als ich ihn fing, da sah ich ein schönes Weib; sie saß an einem Teppich mit golden eingewebten Gestalten und stickte darauf meine vergangenen und vollbrachten Taten.«
Alsvinn antwortete: »Du hast Brynhild gesehen, Budlis Tochter, die eine große Heldenjungfrau ist.« Sigurd sprach: »Das wird wahr sein – vor wie langer Zeit kam sie her?« Alsvinn antwortete: »Kurze Zeit war dazwischen, zwischen ihrer und eurer Ankunft.« Sigurd sagte: »Das erfuhr ich erst vor wenigen Tagen – diese Frau hat mir am besten gefallen auf der Welt.« Alsvinn

sprach: »Achte nicht nur auf das eine Weib, ein Mann wie du!
Übel ist es darum zu bitten, was man nicht erlangen kann.« »Sie
muß ich besuchen«, sagte Sigurd, »und ihr Gold[1] geben, ihre
Liebe erlangen und ihre Huld.« Alsvinn erwiderte: »Kein Mann
wurde noch jemals gefunden, dem sie den Platz neben sich gewährt oder Äl zu trinken gegeben hätte – an Heerfahrten will sie
teilnehmen und Heldentaten vollführen.« Sigurd antwortete:
»Wir wissen nicht, ob sie mir antworten wird oder nicht, oder
mir einen Platz neben sich gewähren.«
Tags darauf ging Sigurd nach dem Frauengemache, Alsvinn stand
draußen vor der Kammer und schäftete seine Pfeile. Sigurd
sprach: »Heil dir, Frau! Wie geht es dir?« Sie antwortete: »Gut
geht es mir – Gesippen und Freunde leben. Aber es ist ungewiß,
welches Schicksal die Menschen haben bis zu ihrem Todestage.«
Er setzte sich neben sie. Darauf kamen vier Frauen herein mit
großen goldenen Tischbechern, gefüllt mit dem herrlichsten
Weine und standen vor ihnen. Da sprach Brynhild: »Dieser Sitz
wird wenigen gewährt, außer wenn mein Vater kommt.« Er antwortete: »Jetzt ist der Sitz dem gewährt, von dem es mir lieb ist,
daß er ihn einnimmt.« Das Zimmer war mit den teuersten Teppichen behängt, und die Dielen ganz mit Decken belegt. Sigurd
sprach: »Nun hat sich das erfüllt, was du mir verhießest.« Sie
antwortete: »Du sollst hier willkommen sein.« Darauf erhob sie
sich und die vier Mägde mit ihr, trat vor ihn mit einem Goldbecher und forderte ihn auf zu trinken. Er streckte die Hand nach
dem Becher aus, ergriff ihre Hand mit und setzte sich neben sie;
er faßte sie um den Hals, küßte sie und sprach: »Keine Frau ist
schöner geboren als du!« Brynhild sprach: »Ein kluger Rat ist es,
sein Vertrauen nicht auf eine Frau zu setzen und sich dadurch in
ihre Gewalt zu begeben, denn sie brechen stets ihre Gelübde.« Er
sprach: »Der Tag käme als der glücklichste über mich, da wir einander genießen könnten.« Brynhild antwortete: »Es ist nicht bestimmt, daß wir beisammen wohnen: ich bin eine Schildjungfrau
und trage den Helm bei Heerkönigen – ihnen will ich zu Hilfe
kommen, und nicht ist es mir leid, zu streiten.« Sigurd antworte-

---

[1] Der Mahlschatz ist gemeint.

te: »Dann wird es uns am besten gehen, wenn wir beisammen wohnen; schwerer ist es, den Kummer zu dulden, der damit in Verbindung steht, als scharfe Waffen.« Brynhild antwortete: »Ich werde die Schar der Heermannen mustern, aber du wirst Gudrun, Gjukis Tochter, heiraten.« Sigurd sprach: »Mich betrügt keine Königstocher, und nicht bin ich darin wankelmütig; das schwöre ich bei den Göttern, daß ich dich besitzen will oder keine Frau sonst.« Sie sagte dasselbe. Sigurd dankte ihr für diese Erklärung und gab ihr einen Goldring – sie schwuren sich nun von neuem Eide. Darauf ging er hinweg zu seinen Mannen und war da eine Weile mit großem Ruhme.

König Gjuki und seine Söhne

Gjuki hieß ein König, er hatte ein Reich südlich am Rhein. Er hatte drei Söhne, die so hießen: Gunnar, Högni und Gutthorm; Gudrun hieß seine Tochter, sie war die berühmteste Jungfrau. Diese Kinder ragten weit über andre Königskinder an jeglicher Tüchtigkeit, an Schönheit und an Wuchs. Sie waren immer auf Heerfahrten und vollbrachten manche rühmliche Tat. Gjuki hatte zur Gemahlin die zauberkundige Grimhild.
Budli hieß ein König, der war mächtiger als Gjuki, obwohl doch beide mächtig waren. Atli hieß Brynhilds Bruder; der war ein grimmer Mann, groß und schwarzhaarig und doch ansehnlich, der größte Krieger.
Grimhild war ein grimm gesinntes Weib. Die Macht der Gjukunge stand in großer Blüte, und zumal durch Gjukis Kinder, die die meisten weit überragten.
Einmal sagte Gudrun zu ihren Mägden, daß sie nicht froh sein könnte. Eine Frau fragte sie, was sie traurig machte. Sie antwortete: »Ich hatte unglückliche Träume; darum ist mir Harm im Herzen – deute mir den Traum, nach dem du fragst.« Die Frau erwiderte: »Sag es mir und ängstige dich nicht, denn stets hat man vor Stürmen Träume.« Gudrun antwortete: »Dies bedeutet keinen Sturm. Mir träumte, daß ich einen schönen Habicht auf mei-

ner Hand sah, seine Federn waren von goldiger Farbe.« Die Frau sagte: »Viele haben von deiner Schönheit, Klugheit und feinen Sitte gehört – ein Königssohn wird um dich werben.« Gudrun sagte: »Kein Ding dünkte mich besser als dieser Habicht, und all mein Gut wollte ich lieber lassen als ihn.« Die Frau sagte: »Der, den du erhältst, wird sehr tüchtig sein, und du wirst ihn von Herzen lieben.« Gudrun antwortete: »Das bekümmert mich, daß ich nicht weiß, wer er ist – wir wollen Brynhild besuchen, sie wird es wissen.«

Sie schmückten sich mit Gold und großer Pracht und fuhren mit ihren Mägden, bis daß sie nach der Halle Brynhilds kamen. Diese Halle war geschmückt mit Gold und stand auf einem Berge. Als ihre Fahrt wahrgenommen wurde, da ward Brynhild gesagt, daß viele Frauen nach der Burg führen mit vergoldeten Wagen. »Das wird Gudrun sein, Gjukis Tochter«, sagte Brynhild, »denn mir träumte von ihr diese Nacht – gehn wir hinaus ihr entgegen.« Sie gingen hinaus ihr entgegen und begrüßten sie freundlich. Dann gingen sie hinein in die Halle: der Saal war innen bemalt und reich mit Silber geschmückt, Teppiche waren ihnen unter die Füße gebreitet, und alle dienten ihnen; sie hatten mancherlei Spiele. Gudrun aber war wortkarg. Brynhild sprach: »Warum kannst du dich nicht freuen? Tu nicht also, sondern wir wollen uns allesamt vergnügen und von mächtigen Königen sprechen und ihren Heldentaten.« »Tun wir das!« sprach Gudrun. »Welche Könige sind dir als die vortrefflichsten bekannt?« Brynhild antwortete: »Die Hamunds-Söhne Haki und Hagbard; sie vollbrachten manche ruhmvolle Tat auf Heerfahrt.« Gudrun antwortete: »Groß waren sie und berühmt, aber doch raubte Sigar ihre Schwester und verbrannte andre im Hause, und säumig sind sie es zu rächen. Aber warum nennst du nicht meine Brüder, die jetzt die trefflichsten Männer zu sein scheinen?« Brynhild antwortete: »Das ist zu erwarten, doch noch sind sie nicht genug erprobt, und ich weiß, daß einer sie weit übertrifft: das aber ist Sigurd, Sigmunds Sohn. Er war damals noch ein Kind, als er erschlug die Söhne Hundings und rächte seinen Vater und Eylimi, seiner Mutter Vater.« Gudrun sagte: »Was ist davon zu erzählen?

Sagst du, daß er geboren sei, als sein Vater fiel?« Brynhild antwortete: »Seine Mutter ging auf die Walstatt, fand König Sigmund verwundet und erbot sich, seine Wunden zu verbinden; er aber sagte, er sei zu alt, um ferner zu streiten, und hieß sie sich damit trösten, daß sie den trefflichsten Sohn gebären würde, und die Vermutung eines Weisen erwies sich da als Prophezeiung[1]. Nach dem Tode König Sigmunds fuhr sie mit König Alf, dort wurde Sigurd aufgezogen mit großen Ehren, er vollbrachte viele Heldentaten an jedem Tage und ist der berühmteste Mann auf der Welt.« Gudrun sprach: »Aus Liebe hast du Nachforschungen nach ihm angestellt – aber dazu kam ich hierher, dir meine Träume zu sagen, die mir große Unruhe bereiten.« Brynhild erwiderte: »Laß dich solches nicht ängstigen. Weile bei deinen Gesippen, die alle dich erfreuen wollen.«

Gudruns Traum wird von Brynhild gedeutet

»Es träumte mir«, sagte Gudrun, »daß wir mehrere zusammen aus der Kammer gingen und sahen einen stattlichen Hirsch, der überragte weit andere Tiere; sein Fell war von Golde – wir wollten alle das Tier fangen, aber ich allein erreichte es; das Tier dünkte mich besser als alle andern Dinge – da erschossest du das Tier mir vor dem Schoß, und das war mir ein so großer Harm, daß ich ihn kaum zu ertragen vermochte. Darauf gabst du mir einen jungen Wolf, der besprizte mich mit dem Blute meiner Brüder.« Brynhild erwiderte: »Ich werde weissagen, wie es später gehen wird: zu euch wird Sigurd kommen, den ich mir zum Manne erkor; Grimhild gibt ihm truggemischten Met, der uns alle in großen Streit bringt. Du wirst ihn besitzen, aber schnell ihn verlieren. Du wirst König Atli zum Gemahl haben – deine Brüder wirst du verlieren, und dann wirst du Atli erschlagen.« Gudrun antwortete: »Übermäßiger Kummer ist es mir, solches zu wissen.« Dann reisten sie ab, heim zu König Gjuki.

[1] Altes Sprichwort.

Sigurds Ankunft bei den Gjukungen. Vergessenheitstrank. Schwurbruderschaft. Heirat mit Gudrun

Sigurd ritt darauf fort mit dem vielen Golde, und sie schieden als Freunde. Er ritt Grani mit all seinem Heergerät und seiner Last, und ritt, bis daß er nach der Halle König Gjukis kam. Da ritt er in die Burg. Das sah einer von den Mannen des Königs und sagte: »Ich glaube, hier kommt einer von den Göttern! Dieser Mann ist ganz mit Golde geschmückt; sein Roß ist viel größer als andere Rosse, außerordentlich schön ist seine Waffenrüstung und übertrifft bei weitem die andrer Männer, am meisten aber ragt er selbst über andre Männer.« Der König ging hinaus mit seinem Hofgesinde, grüßte den Mann und fragte: »Wer bist du, der du in die Burg reitest, was keiner wagte ohne Erlaubnis meiner Söhne?« Er antwortete: »Ich heiße Sigurd und bin Sigmunds Sohn.« König Gjuki sprach: »Du sollst hier bei uns willkommen sein, und empfange hier das, was du willst.«

Er ging hinein in die Halle, und alle waren klein neben ihm; alle dienten ihm, und er war dort in großem Ansehen. Sie ritten alle Tage zusammen, Sigurd, Gunnar und Högni; aber Sigurd übertraf sie in jeder Hinsicht, doch waren alle gewaltige Männer. Grimhild gewahrte, wie sehr Sigurd Brynhild liebte, und wie oft er sie erwähnte. Sie erwog bei sich, daß es ein größeres Glück wäre, wenn er sich hier festsetzte und König Gjukis Tochter zur Frau nähme; sie sah, daß keiner sich mit ihm vergleichen konnte, sah auch, welche Stütze an ihm war, und daß er übergroße Schätze hatte, viel mehr, als daß man ein andres Beispiel dafür gewußt hätte. Der König benahm sich gegen ihn wie gegen seine Söhne, diese aber schätzten ihn höher als sich selbst.

Eines Abends, als sie beim Trunke saßen, stand die Königin auf, ging vor Sigurd, begrüßte ihn und sprach: »Freude habe ich über dein Hiersein, und alles Gute will ich euch gewähren – nimm hier das Horn[1] und trink.« Er nahm es und trank. Sie fuhr fort: »Kö-

---

[1] Ein Vergessenheitstrank spielt in den Heldenromanen eine große Rolle, er wird besonders von Elfinnen gereicht: wer ihn trinkt, verliert das Gedächtnis, ist den dämonischen Mächten verfallen; vgl. Götterdämmerung (VI, 189, 195, 251).

nig Gjuki soll dein Vater sein und ich deine Mutter, Gunnar und Högni sollen deine Brüder sein und alle, die ihr einander Eide leistet – so werden sich euresgleichen nicht finden.« Sigurd nahm das wohl auf, und durch diesen Trank dachte er nicht mehr an Brynhild. Er weilte da lange Zeit.

Einmal ging Grimhild vor König Gjuki, legte ihre Hände um seinen Hals und sagte: »Hierher ist nun der größte Kämpe gekommen, der auf der Welt gefunden werden kann, an ihm wäre uns eine große Stütze – gib ihm deine Tochter mit großem Gut und einem solchen Reiche, wie er will: so könnte er es sich hier wohl gefallen lassen!« Der König sagte: »Ungebräuchlich ist es, seine Töchter anzubieten; doch ehrenvoller ist es, sie ihm anzubieten als daß andre um sie werben.«

Eines Abends schenkte[1] Gudrun. Sigurd bemerkte, daß sie ein schönes Weib war und in jeder Hinsicht feinstes höfisches Benehmen hatte.

Fünf Halbjahre war Sigurd dort, so daß sie beieinander in Ruhm und Freundschaft saßen, und die Könige berieten zusammen. König Gjuki sprach: »Viel Gutes erweisest du uns, Sigurd, und kräftig hast du unsre Herrschaft gestärkt.« Gunnar sagte: »Alles wollen wir dazu tun, daß du lange hier bleibst; beides, unser Reich und unsre Schwester, bieten wir dir an; kein andrer würde sie bekommen, wenn er auch um sie bäte.« Sigurd antwortete: »Habt Dank für eure Auszeichnung! Ich will es annehmen.« Sie schwuren sich nun Blutsbrüderschaft[2], als wenn sie von derselben Mutter geboren wären.

Nun ward ein herrliches Fest gerüstet, das dauerte viele Tage. Sigurd trank den Brautlauf[3] mit Gudrun: da konnte man Freude

---

[1] Es war allgemeiner Brauch, daß die Frauen das Bier schenkten und umhertrugen; bei der Götter traulichem Mahle reichten Walküren das Trinkhorn; vgl. auch Edda I, 49. [2] Männer, die Blutsbrüderschaft schließen wollten, weckten sich Blut, ließen das herabtröpfelnde Blut zusammen in eine Grube fließen und rührten es in ihr mit der Erde durcheinander. Dann fielen sie auf die Knie und schwuren den Eid, daß jeder den andern rächen wollte wie seinen Bruder, und sie riefen alle Götter zu Zeugen auf. Vgl. Götterdämmerung (VI, 196, 197). – [3] Das Wort Brautlauf wird als Erinnerung an den Frauenraub erklärt oder als Lauf oder Fahrt der Braut nach dem Hause des Bräutigams, oder als der Rest des Hochzeitsbrauches, daß das Brautpaar einen Wettlauf hielt und der Bräutigam sich die Braut fangen mußte. Die Bewirtung, das Trinken, war ein wesentlicher Teil der Feier, daher wird »Hochzeit halten« ausgedrückt durch »Brautlauf trinken«.

und Unterhaltung mancherlei Art sehen, und jeden nächsten Tag war die Bewirtung besser als am vorhergehenden.

Sie zogen weit durch die Lande und vollbrachten manche Heldentat, erschlugen viele Königssöhne; kein andrer verrichtete solch Heldenwerk wie sie – dann fuhren sie heim mit großer Beute.

Sigurd gab Gudrun von Fafnirs Herz zu essen, und seitdem war sie weit grimmiger als zuvor, und auch weiser[1]. Ihr Sohn hieß Sigmund.

Einmal ging Grimhild zu Gunnar, ihrem Sohne, und sprach: »Deine Macht steht in voller Blüte, abgesehen davon, daß du unvermählt bist. Wirb um Brynhild! Das ist die vornehmste Heirat, Sigurd wird mit dir reiten.« Gunnar antwortete: »Gewiß ist sie schön, ich habe wohl Lust dazu.« Er sagte es seinem Vater, seinen Brüdern und Sigurd, und alle munterten ihn dazu auf.

Sigurd durchreitet Brynhilds Waberlohe. Hochzeit Gunnars

Darauf rüsteten sie sich mit Umsicht zur Reise, ritten dann durch Felsen und Täler zu König Budli und brachten ihre Werbung an. Er nahm sie freundlich auf, wenn sie nicht nein sagen würde, bemerkte aber, sie wäre so stolz, daß sie nur den zum Manne nehmen würde, den sie wollte.

Dann ritten sie nach Hlymdalir[2]. Heimir empfing sie wohl. Gunnar trug ihr Anliegen vor. Heimir sagte, sie hätte die Wahl, wen sie nehmen wollte; ihr Saal wäre nahebei; es wäre zu bedenken, daß sie den allein würde haben wollen, der durch das brennende Feuer ritte, das um ihren Saal entzündet wäre.

Sie fanden den Saal[3] und das Feuer und sahen da eine Burg mit goldenem Dache, und es brannte ein Feuer draußen herum. Gunnar ritt den Goti, aber Högni den Hölkvir. Gunnar spornte

---

[1] Vgl. S. 48 Fortsetzung des Irrtums der ersten Vogelstimme, der würde weiser als irgendwer, der Fafnirs Herz verzehrte. [2] »Schall- oder Lärmtäler« bezeichnen eigentlich das Schlachtfeld; mißverstehend setzt die spätere Sage in Brynhilds Hlymdalir den Heimir, »der in der Heimat bleibt«. [3] Der Erzähler hat nicht verstanden, daß »Saal« nur eine Umschreibung für »Schildburg« ist, und daraus einen wirklichen Saal, »eine schöne Wohnung« gemacht.

den Hengst gegen das Feuer, aber er wich zurück. Sigurd sprach: »Weshalb weichst du zurück, Gunnar?« Der antwortete: »Der Hengst will nicht durch dies Feuer springen«, und bat Sigurd, ihm Grani zu leihen. »Das kann geschehen«, erwiderte Sigurd. Gunnar ritt nun abermals gegen das Feuer, aber Grani wollte nicht gehen[1]. Gunnar vermochte es also nicht, dies Feuer zu durchreiten. Sie vertauschten darum die Gestalten, wie Grimhild Sigurd und Gunnar gelehrt hatte. Danach ritt Sigurd, er hatte Grani in der Hand und band goldene Sporen an seine Füße. Grani sprang hinein ins Feuer, als er die Sporen spürte[2]. Da erhob sich ein großes Getöse, das Feuer begann zu rasen, die Erde begann zu erbeben, und die Lohe schlug zum Himmel empor – dies wagte keiner zuvor zu tun, und es war, als ob er im Dunkel ritte[3]. Da legte sich das Feuer; er aber stieg vom Rosse und ging hinein in den Saal. So heißt es im Liede:

22 Das Feuer wogte,
Es wankte der Boden,
Und hohe Lohe
Zum Himmel flammte;
Von des Königs Recken
War keiner so kühn
Durch die Glut zu dringen
Noch drüberzusteigen.

23 Mit dem Schwerte spornte
Sigurd Grani,
Das Feuer erlosch
Vor dem Fürsten;
Vor dem Lobgepriesnen
Die Lohe sich legte.
Es blinkte das Reitzeug,
Das Regin einst hatte.

[1] Denn Grani geht nur, wenn Sigurd auf ihm sitzt. [2] Nach dem Liede aber treibt Sigurd sein Roß mit dem Schwerte an. Der Ritt durch das Feuer ist natürlich keine Probe des Rosses, sondern des Reiters: das Tier gehorcht dem überlegenen Männerwillen, unter dem schwachen Mannesmut Gunnars will es nicht vorwärts. [3] Wegen des schwarzen Qualms.

Als Sigurd über die Lohe hineinkam, fand er dort eine schöne Wohnung, und darin saß Brynhild. Sie fragte, wer der Mann wäre. Aber er nannte sich Gunnar, den Sohn des Gjuki: »auch bist du mir als Frau zugedacht mit dem Jaworte deines Vaters, wofern ich deine Waberlohe durchritte, und auch dem deines Pflegevaters nebst deiner eigenen Zusage«. »Nicht weiß ich genau, wie ich darauf antworten soll«, sagte sie. Sigurd stand aufrecht auf dem Estrich, stützte sich auf den Schwertgriff und sagte zu Brynhild: »Dir werde ich einen großen Brautschatz zahlen in Gold und guten Kleinoden.« Sie antwortete in Kümmernis von ihrem Sitze, wie ein Schwan von der Woge, hatte ein Schwert in der Hand, einen Helm auf dem Haupte und war in einer Brünne: »Gunnar«, sagte sie, »rede nicht solches zu mir, wenn du nicht jedem Manne überlegen bist; du sollst die erschlagen, die um mich geworben, wenn du dir das zutraust; ich war in der Schlacht mit dem Gardakönig[1], meine Waffen waren gefärbt in Männerblut, und danach verlangt mich noch jetzt.« Er antwortete: »Viele Heldentaten hast du vollbracht, aber erinnere dich jetzt an dein Gelübde, daß du, wenn dieses Feuer durchritten wäre, dem Manne folgen würdest, der dies vollbrächte.« Sie fand hier eine richtige Antwort und Merkzeichen für die Wahrheit dieser Rede, stand auf und begrüßte ihn freundlich. Er verweilte dort drei Nächte, und sie teilten ein Lager: er nahm das Schwert Gram und legte es entblößt zwischen sie[2]. Sie fragte, was das zu bedeuten hätte. Er antwortete, »es wäre ihm beschieden, daß er so die Vermählung mit seiner Frau beginge oder den Tod erlitte«. Da nahm er den Ring Andvaranaut von ihr und gab ihr einen andern Ring aus dem Erbe Fafnirs.

Darauf ritt er fort durch dasselbe Feuer zu seinen Gefährten: sie tauschten wiederum die Gestalten, ritten sodann nach Hlymdalir und erzählten, wie es ergangen wäre.

Denselben Tag begab sich Brynhild heim zu ihrem Pflegevater und sagte ihm im Vertrauen, daß zu ihr ein König gekommen wäre, »er ritt durch meine Waberlohe und sagte, er käme, um

---

[1] Rußland spielt sonst in den Heldenliedern so gut wie keine Rolle. [2] Ebenso bei Wagner und Ibsen (I, 409).

mich zu heiraten, und nannte sich Gunnar – ich aber sagte, daß dies Sigurd allein vollbringen würde, dem ich Eide schwur auf dem Berge: er ist mein erster Gatte.« Heimir sagte, dabei müsse es sein Bewenden haben. Brynhild sprach: »Meine und Sigurds Tochter Aslaug soll bei dir aufgezogen werden.«
Die Könige kehrten heim, Brynhild aber fuhr zu ihrem Vater. Grimhild empfing sie freundlich und dankte Sigurd für seine Begleitung.
Darauf ward das Gastmahl vorbereitet, und eine große Menge Volkes kam dazu: auch König Budli kam mit seiner Tochter, und Atli, sein Sohn. Diese Hochzeit währte viele Tage. Als sie beendigt war, da erst erinnerte sich Sigurd aller Eide, die er Brynhild geschworen hatte, verhielt sich aber ruhig. Brynhild und Gunnar saßen da, vergnügten sich und tranken guten Wein.

Zank der Königinnen Brynhild und Gudrun

Das war an einem Tage, daß die Königinnen zusammen nach dem Flusse gingen, sich zu baden. Da watete Brynhild weiter hinaus in den Fluß. Gudrun fragte, was das zu bedeuten hätte. Brynhild antwortete: »Weshalb soll ich mich hierin dir gleichstellen, eher als in anderm? Ich dachte, daß mein Vater mächtiger sei als der deine und daß mein Mann viele Heldentaten vollbracht habe und durch brennendes Feuer geritten sei – dein Mann aber war ein Knecht König Hjalpreks.« Gudrun antwortete voll Zorn: »Du wärest weiser, wenn du schwiegest, als wenn du meinen Mann lästertest. Es sagen alle Leute, daß keiner seinesgleichen auf die Welt gekommen sei in jeglicher Hinsicht, dir ziemt es nicht, ihn zu lästern, denn er ist dein erster Gatte: er erschlug Fafnir und ritt durch die Waberlohe, wo du den König Gunnar zu sehen glaubtest; er lag bei dir und nahm dir von der Hand den Ring Andvaranaut[1] – hier kannst du ihn erkennen!« Brynhild sah diesen Ring

---

[1] Ursprünglich hat Sigurd den Andvaranaut Brynhild gegeben und von ihr einen Ring erhalten. Der Erzähler hat hier geändert und »Andvaris Kleinod« mit dem Goldring, Seite 60, gleichgesetzt. Die kurz darauf folgende Stelle im Streit am Strom hat er in Einklang damit gebracht.

an und erkannte ihn: da erbleichte sie, als wenn sie tot wäre. Brynhild ging heim und sprach kein Wort den Abend über.
Und als Sigurd zu Bett ging, fragte Gudrun: »Warum ist Brynhild so unfroh?« Sigurd antwortete: »Ich weiß es nicht genau, aber mir ahnt, daß wir es bald etwas genauer erfahren werden.« Gudrun sagte: »Warum ist sie nicht zufrieden mit ihrem Reichtum und Glück und aller Männer Lobe, und damit, daß sie den Mann erhalten, den sie wollte?« Sigurd antwortete: »Wo war sie, als sie das sagte, daß sie glaubte den berühmtesten Mann zu besitzen oder den, den sie am liebsten haben wollte?« Gudrun erwiderte: »Ich will morgen danach fragen, wen sie am liebsten haben will.« Sigurd sprach: »Davon rate ich dir ab – du wirst es bereuen, wenn du es tust.«
Am Morgen saßen sie in ihrer Kammer, und Brynhild war schweigsam. Da sprach Gudrun: »Sei vergnügt, Brynhild – betrübt dich unser Gespräch oder was steht deiner Freude entgegen?« Brynhild erwiderte: »Eitel Bosheit treibt dich zu dieser Frage, du hast ein grimmes Herz.« »Glaube das nicht«, sagte Gudrun, »sag es lieber.« Brynhild antwortete: »Frage allein nach dem, was besser ist für dich zu wissen; das ziemt edlen Frauen. Gut ist es, mit Gutem zufrieden zu sein, damit alles nach Wunsche geht.« Gudrun entgegnete: »Noch ist es zu früh, sich dessen zu rühmen – das hat etwas zu bedeuten, diese deine Prophezeiung. Was wirfst du mir vor?« Brynhild antwortete: »Das sollst du entgelten, daß du Sigurd hast; ich gönne dir nicht, sein zu genießen noch des vielen Goldes.« Gudrun erwiderte: »Ich wußte nichts von eurer Vermählung, mein Vater hätte wohl eine Heirat für mich aussersehen können, ohne daß du dabei gefragt wurdest.« Brynhild entgegnete: »Wir haben keine heimliche Unterredung gehabt, und haben uns doch Eide geschworen. Ihr wußtet, daß ihr mich betroget, und das will ich rächen.« Gudrun antwortete: »Du bist besser vermählt, als du verdienst, dein Übermut wird nicht zur Ruhe kommen, des werden manche entgelten.« »Zufrieden würde ich sein«, sagte Brynhild, »wenn du nicht einen edleren Mann hättest als ich.« Gudrun antwortete: »Du hast einen so edlen Mann, daß es ungewiß ist, wer der mäch-

tigere König ist, auch hast du genug an Gut und Macht.« Brynhild erwiderte: »Sigurd fällte Fafnir, und das ist mehr wert als das ganze Reich König Gunnars, wie es im Liede heißt:

24 Sigurd fällte Fafnir,
   Fortan gedenken
   Wird man der Tat,
   Solange die Welt steht,
   Wahrlich, dein Bruder
   Wagte weder
   Durch die Glut zu dringen
   Noch drüberzusteigen.«

Gudrun antwortete: »Grani wollte nicht ins Feuer laufen unter König Gunnar, aber er wagte zu reiten – man darf ihm nicht Mangel an Mut vorwerfen.« Brynhild erwiderte: »Verhehlen wir es uns nicht: ich traue Grimhild nicht recht.« Gudrun antwortete: »Tadle sie nicht, denn sie ist gegen dich wie ihre eigene Tochter.« Brynhild erwiderte: »Sie ist die Urheberin alles Übels, das an uns nagt – sie brachte Sigurd das arglistige Bier, so daß er sich nicht an meinen Namen erinnerte.«

Gudrun antwortete: »Manches verkehrte Wort redest du, und solches ist eine große Lüge.« Brynhild erwiderte: »Genießet ihr so Sigurds, wie ihr mich nicht betrogen habt! Euer Beisammensein ist ungehörig. Es ergehe euch so, wie ich denke!« Gudrun antwortete: »Besser werde ich sein genießen, als du wünschen wirst. Keiner kann sagen, daß er sich gut mit mir gestanden hätte, auch nicht ein einziges Mal.« Brynhild entgegnete: »Übel redest du! Was dir entfährt, wird dich gereuen. Wir wollen uns nicht mit Scheltworten befassen.« Gudrun antwortete: »Du schleuderst zuerst gegen mich Worte des Hasses; jetzt stellst du dich so, wie wenn du es wieder gutmachen wolltest – aber Grimm steckt dahinter.« »Lassen wir das unnütze Geschwätz«, sagte Brynhild, »meinen Kummer verschwieg ich: aber ich liebe deinen Bruder allein – beginnen wir ein anderes Gespräch!« Gudrun antwortete: »Im Herzen bist du ganz anders gesonnen.« Daraus entstand große Verstimmung, daß sie an den Fluß gegangen waren und daß sie den Ring erkannt hatte – davon kam ihr Wortwechsel.

Brynhilds Harm nimmt noch zu

Nach diesem Gespräche legte sich Brynhild zu Bett; die Kunde kam vor König Gunnar, daß sie krank wäre. Er ging zu ihr und fragte, was ihr fehlte. Aber sie antwortete nichts und lag, wie wenn sie tot wäre. Und als er ernstlich nachforschte, antwortete sie: »Was machtest du mit dem Ringe, den ich dir schenkte, und den König Budli mir beim letzten Abschied gegeben hatte[1], als ihr Gjukunge zu ihm kamt und drohtet, zu heeren und zu brennen, wenn ihr mich nicht erhieltet? Darauf führte er mich zu einer Besprechung unter vier Augen und fragte, welchen ich wählte von denen, die gekommen wären. Ich aber erbot mich, das Land zu verteidigen und über ein Drittel des Gefolges Häuptling zu sein; es war zwischen zwei Möglichkeiten zu wählen, daß ich mich dem würde vermählen müssen, den er wollte, oder allen Gutes und seiner Freundschaft bar sein; doch meinte er, seine Freundschaft würde mir mehr frommen als sein Zorn. Da bedachte ich bei mir, ob ich seinem Willen gehorchen oder manchen Mann erschlagen sollte – ich fühlte mich aber unfähig, mit ihm zu streiten. Es kam dahin, daß ich mich dem verhieß, der auf dem Hengste Grani mit Fafnirs Erbe geritten käme, durch meine Waberlohe sprengte und die Männer schlüge, die ich ihm angeben würde. Nun wagte keiner zu reiten als Sigurd allein; der durchritt das Feuer, denn es mangelte ihm nicht an Mut dazu; er erschlug den Wurm und Regin und fünf Könige, nicht aber du, Gunnar, der du erbleichtest wie eine Leiche – du bist kein König noch Kämpe. Ich aber habe gelobt daheim bei meinem Vater, den allein lieben zu wollen, der als der Herrlichste geboren wäre – das aber ist Sigurd. Nun aber bin ich eidbrüchig dadurch, daß ich ihn nicht habe, und deshalb werde ich deinen Tod bewirken. Auch habe ich Grimhild Übles zu lohnen – keine herzlosere und bösere Frau findet sich als sie.« Gunnar antwortete, so daß es wenige hörten: »Manche Lügenworte hast du gesprochen, du bist ein böses Weib, da du die Frau schmähst, die dich weit überragt –

---

[1] Nach dieser Stelle stammt der Ring, den Sigurd in Gunnars Gestalt von Brynhild erhielt, von Budli, ist also nicht Anvaranaut.

nicht war sie unzufrieden mit ihrem Lose, wie du tust, noch
quälte sie tote Männer, noch mordete sie einen, sie lebt mit Loo.«
Brynhild antwortete: »Ich habe keine Heimlichkeiten gehabt
noch Untaten verübt, anders ist meine Anlage: geneigter wäre
ich, dich zu erschlagen.« Darauf wollte König Gunnar sie töten.
Högni aber legte sie in Fesseln. Da sprach Gunnar: »Ich will
nicht, daß sie in Fesseln liege.« Sie antwortete: »Kümmere dich
nicht darum, denn nimmer siehst du mich fortan fröhlich in deiner Halle, weder trinken noch brettspielen, noch verständig reden, nimmer siehst du mich mit Gold gute Gewänder überspinnen, noch dir Rat erteilen.« Sie sagte, das sei ihr größter Harm,
daß sie Sigurd nicht habe. Sie richtete sich auf und begann so heftig zu weben, daß das Gewebe zerriß; sie gebot ihre Kammertüren aufzuschließen, damit man ihre Wehklage weite Wege hören
möchte. Da hob Brynhild laute Klage an, und man hörte sie
durch die ganze Burg.
Gudrun fragte ihre Kammermägde, warum sie so unfroh und betrübt wären, »was fehlt euch denn? Warum gebärdet ihr euch wie
unsinnige Menschen? Welches Schreckbild ist euch erschienen?«
Da antwortete eine Frau ihres Gefolges, die Svaflröd hieß: »Das
ist ein unseliger Tag, unsere Halle ist voll von Harm.« Da sagte
Gudrun zu ihrer Freundin: »Stehe auf! Wir haben lange geschlafen, wecke Brynhild; wir wollen ans Weben gehen und fröhlich
sein.« »Das tue ich nicht«, antwortete sie, »daß ich sie wecke oder
mit ihr rede; manchen Tag trank sie weder Met noch Wein, sie hat
der Götter Zorn empfangen.« Da sprach Gudrun zu Gunnar:
»Geh hin zu ihr«, sagte sie, »und sag ihr, daß ich ihren Kummer
beklage.« Gunnar antwortete: »Es ist mir verboten, zu ihr zu gehen und ihr Gut zu verteilen.« Dennoch ging er zu ihr und versuchte auf manche Weise, ihr Worte abzugewinnen, konnte aber
keine Antwort bekommen. Da ging er fort und suchte Högni auf
und bat ihn, zu ihr zu gehen; der sagte aber, daß er keine Lust
dazu habe, ging jedoch dennoch hin und erlangte ebenfalls nichts
von ihr.
Da ward Sigurd aufgesucht und gebeten, zu ihr zu gehen. Der
erwiderte kein Wort, und dabei blieb es den Abend. Am andern

Tage aber, als er von der Jagd kam, ging er zu Gudrun und sprach: »Das habe ich geahnt, daß ihr zorniges Erbeben etwas Großes zu bedeuten habe – Brynhild wird sterben.« Gudrun antwortete: »Mein Herr, sehr wunderlich geht es mit ihr zu: sie hat nun schon sieben Tage und Nächte geschlafen, so daß keiner wagte, sie zu wecken.« Sigurd antwortete: »Sie schläft nicht – sie beschäftigt sich mit großen Plänen gegen uns.« Da sprach Gudrun unter Tränen: »Das ist ein großer Harm, deinen Tod zu wissen: geh lieber, besuche sie und besänftige so ihren Zorn[1]« Sigurd ging hinaus und fand den Saal offen; er dachte, sie schliefe, schlug die Decken von ihr zurück und sprach: »Wach auf, Brynhild, die Sonne scheint über die ganze Burg, genug ist geschlafen – wirf den Harm von dir und nimm Fröhlichkeit an.« Sie sprach: »Wie konntest du so dreist sein, daß du kommst, mich zu besuchen? Keiner war schlimmer gegen mich bei diesem Betruge.« Sigurd antwortete: »Warum redest du nicht mit Männern – was betrübt dich denn?« Brynhild entgegnete: »Dir will ich meinen Zorn sagen.« Sigurd sprach: »Betört bist du, wenn du wähnst, ich wäre dir feindselig gesinnt – der ist dein Mann, den du erkoren.« »Nein«, sagte sie, »nicht Gunnar war es, der durch das Feuer zu mir ritt, nicht er brachte mir als Brautschatz Erschlagene. Ich wunderte mich über den Mann, der in meinen Saal kam, und ich glaubte, deine Augen[2] zu erkennen, doch konnte ich sie nicht genau unterscheiden wegen der Hülle, die auf meinem Schutzgeiste lag[3].« Sigurd sagte: »Ich bin kein vornehmerer Mann als die Söhne König Gjukis – sie erschlugen den Dänenkönig und einen mächtigen Häuptling, den Bruder König Budlis.« Brynhild antwortete: »Manches Böse haben wir ihnen aufzuzählen, erinnere uns nicht an unsern Harm. Du, Sigurd, erschlugst den Wurm und rittest durch das Feuer um meintwillen – Gjukis Söhne waren dort nicht.« Sigurd erwiderte: »Keineswegs ward ich dein Mann noch warst du meine Frau, und ein ruhmreicher Köig zahlte dir den Brautschatz.« Brynhild antwortete: »Nie sehe ich Gunnar

---

[1] Auch im Nibelungenliede kommt Siegfried vor der Jagd zu Kriemhild, die ihm weinend erklärt, daß sie seinen Tod befürchte. [2] Beim Gestaltentausch bleibt das Auge, der Spiegel der Seele, unverändert. [3] D. h. darum konnte ich sein warnendes Erscheinen nicht sehen.

so, daß mein Herz ihm zulacht – grimm bin ich gegen ihn, wenn ich es auch vor andern verhehle.« »Das ist entsetzlich«, sagte Sigurd, »einen solchen König nicht zu lieben. Was grämt dich denn am meisten? Mir scheint, wie wenn seine Liebe dir besser wäre als Gold.« Brynhild antwortete: »Das ist das Schmerzlichste meiner Leiden, daß ich es nicht zuwege bringen kann, daß ein scharfes Schwert in deinem Blute gerötet werde.« Sigurd erwiderte: »Fürchte das nicht – nicht lange wird man zu warten brauchen, bis ein scharfes Schwert in meinem Herzen stehen wird, und du kannst dir nichts Schlimmeres wünschen; denn du wirst mich nicht überleben, und unsere Lebenstage werden von jetzt an hinfort zu zählen sein.« Brynhild anwortete: Großer Haß gab dir diese Worte ein; aber seitdem ihr mich um alle Wonne betrogen, achte ich das Leben für gar nichts.« Sigurd erwiderte: »Lebe und liebe König Gunnar und mich, und all mein Gut will ich dafür geben, daß du nicht stirbst.« Brynhild antwortete: »Du kennst meinen Sinn nicht recht – du ragst über alle Männer, aber dir ist keine Frau verhaßter geworden als ich.« Sigurd erwiderte: »Anderes ist wahrer: ich liebe dich mehr als mich selbst, obgleich ich dem Betruge unterlag – und das ist nicht mehr zu ändern; denn stets, als ich wieder zur Besinnung gekommen war, härmte es mich, daß du nicht meine Frau warst. Doch suchte ich, soviel ich konnte, den Gedanken von mir fernzuhalten, daß ich in der Königshalle war, und freute mich doch, daß wir alle beisammen waren. Es kann auch sein, daß das in Erfüllung gehen muß, was geweissagt ist – aber davor soll mir nicht bangen.« Brynhild antwortete: »Zu lange hast du gezaudert, mir zu sagen, daß mein Harm dich betrübt, aber nun finden wir dir dafür keine Heilung mehr.« Sigurd erwiderte: »Gerne wollte ich, daß wir beide ein Bett bestiegen und du meine Frau wärest.« Brynhild antwortete: »Solches soll man nicht reden, ich mag nicht zwei Könige in einer Halle haben; eher will ich mein Leben lassen, als daß ich König Gunnar betrüge« – und sie gedachte daran, wie sie sich auf dem Berge trafen und sich Eide schwuren – »aber jetzt ist das alles gebrochen, ich will nicht länger leben.« »Ich erinnerte mich deines Namens nicht«, sagte Sigurd, »und erkannte dich nicht eher, als

bis du vermählt warst – das ist der größte Harm.« Da sprach
Brynhild: »Ich schwur den Eid, den Mann zu nehmen, der durch
meine Waberlohe ritt, und den Eid wollte ich halten oder sonst
sterben.« »Lieber als daß du stirbst, will ich dich nehmen und
Gudrun verlassen«, sprach Sigurd; aber so schwollen vor Kummer seine Seiten, daß die Brünnenringe entzweisprangen. »Ich
will weder dich«, erwiderte Brynhild, »noch einen andern.«
Sigurd ging hinweg. So heißt es im Sigurdliede:

> 25 Hinaus ging Sigurd
> Voll schwerer Sorgen
> Fort vom Gespräch,
> Der Freund der Helden,
> Daß das stahlgeflochtne
> Streithemd dem Fürsten
> An beiden Seiten
> Zu springen drohte.

Als Sigurd in die Halle trat, fragte Gunnar, ob er wisse, welcher
Kummer sie quäle, und ob sie ihre Sprache wieder habe. Sigurd
sagte, daß sie sprechen könne.
Nun ging Gunnar abermals, sie aufzusuchen, und fragte, worin
ihr Kummer bestünde, und ob man ihr mit irgend etwas helfen
könne. »Ich will nicht leben«, sagte Brynhild, »denn Sigurd hat
mich betrogen und nicht minder dich, da du ihn in mein Bett in
einer Halle steigen ließest. Als Weib zweier Männer will ich nicht
weiterleben, einer von uns dreien muß sterben, Sigurd oder du
oder ich – denn er hat das alles Gudrun erzählt, aber sie wirft es
mir vor.«

Sigurd wird verraten

Darauf ging Brynhild hinaus, setzte sich an die Wand ihrer
Kammer und hielt viele Harmreden; sie klagte, daß ihr alles verleidet wäre, beides, Land und Macht, da sie Sigurd nicht hätte.

Abermals kam Gunnar zu ihr. Brynhild sagte: »Du sollst Macht und Hort verlieren, dein Leben und mich, und ich will zurückkehren zu meinen Verwandten und betrübt dort sitzen, wenn du Sigurd nicht erschlägst und seinen Sohn – zieh nicht den jungen Wolf auf[1]!« Da ward Gunnar bekümmert in seinem Gemüte und wähnte nicht zu wissen, was ihm obläge, da er durch Eide mit Sigurd verbunden war; bald dies, bald das kam ihm in den Sinn – jedoch das erschien ihm als die größte Schmach, wenn seine Frau von ihm ginge. Gunnar sprach: »Brynhild ist mir lieber als alles, aller Frauen hehrste ist sie, und eher will ich das Leben lassen als ihre Liebe verlieren.« Er rief seinen Bruder Högni zu sich und sprach: »Ich bin in große Bedrängnis geraten«; er sagte ihm, daß er Sigurd töten wollte, und erklärte, daß er ihn, der ihm traute, betrogen hätte: »So gebieten wir über das Gold und alle Macht.« Högni erwiderte: »Es ziemt uns nicht, den Schwur zu brechen durch Unfrieden; auch haben wir eine große Stütze an ihm – keine Könige sind uns gleich, wenn dieser hunische[2] Herrscher lebt, und einen solchen Schwager bekommen wir niemals wieder; erwäge auch, wie gut es für uns wäre, einen solchen Schwager und solche Schwestersöhne zu haben. Auch sehe ich wohl, wie es sich damit verhält: Brynhild hat es angestiftet, ihr Art bringt uns in schwere Schande und Schaden.« Gunnar antwortete: »Dies soll geschehen, ich sehe, was zu tun ist: wir wollen unsern Bruder Gutthorm aufreizen, er ist jung und unerfahren und steht außerhalb aller Eide.« Högni sprach: »Der Rat scheint mir übel angebracht, und wenn er in die Tat umgesetzt wird, so werden wir dafür Bestrafung empfangen, daß wir einen solchen Mann verraten haben.« Gunnar antwortete: Sigurd solle sterben, »oder aber ich will sterben«. Er hieß dann Brynhild aufstehen und fröhlich sein. Sie stand auf, sagte jedoch, daß Gunnar nicht eher mit ihr in dasselbe Bett kommen sollte, als bis diese Tat ausgeführt wäre.
Wieder besprachen sich die Brüder miteinander. Gunnar sagte, das wäre ein gültiger Grund, ihn zu erschlagen, weil er Brynhild das Magdtum genommen habe: »Wir wollen Gutthorm aufreizen, diese Tat zu vollbringen.« Sie boten ihm Gold und große

---

[1] Wolf meint hier wie öfter in Sprichwörtern »Feind«. [2] Südländisch, deutsch.

Macht, dies auszuführen. Sie nahmen eine Schlange und Wolfsfleisch[1], ließen es sieden und gaben es ihm zu essen, wie der Skalde[2] sagt:

> 26 Einen Waldfisch[3] nahmen einige,
> Das Wolfsfleisch schnitten andere,
> Andere Gutthorm
> Vom Wolf zu essen gaben.
> Ins Gebräu sie mischten
> Auch mancherlei andres
> In Zaubertränken.

Und durch diese Speise und durch alles zusammen und durch Grimhilds Vorstellungen ward er so wild und kampfwütig, daß er versprach, diese Tat zu vollbringen. Sie verhießen ihm große Ehre zum Lohne dafür.
Sigurd hatte keine Ahnung von diesem Verrat; auch konnte er sich nicht seinem Geschick entziehen noch seinem Lebensziele; er war sich auch nicht bewußt, Arglist von ihnen verdient zu haben.
Gutthorm ging am nächsten Morgen hinein zu Sigurd, als er noch in seinem Bett ruhte. Aber als Sigurd ihn anblickte, wagte Gutthorm nicht, ihn anzugreifen, und ging wieder hinaus. Ebenso erging es zum andernmal. Sigurds Augen waren nämlich so scharf, daß keiner wagte hineinzuschauen. Und zum dritten Male ging er hinein, da war Sigurd eingeschlafen. Gutthorm zückte das Schwert und stieß es in Sigurd, so daß die Schwertspitze im Polster unter ihm steckenblieb. Sigurd erwachte von der Wunde, Gutthorm aber ging hinaus zur Tür: da nahm Sigurd das Schwert und warf es nach ihm; es traf ihn im Rücken und schnitt ihn mitten durch – nach der einen Seite fiel das Fußstück, nach der andern aber fielen das Haupt und die Hände zurück in die Kammer.

---

[1] Oernulf: »Es geht verbürgt die Sage, Jökul habe einmal seinen Kindern das Herz eines Wolfs zu essen gegeben, damit sie einen grimmigen Sinn bekämen. Hjördis hat gewiß ihr gut Teil bekommen« (I, 385). [2] Die Anführung einer Eddastrophe mit einem »wie der Skalde sagt« ist kein Beweis dafür, daß man in älterer Zeit die Eddadichter Skalden nannte. [3] Umschreibung für Schlange.

Gudrun war in Sigurds Armen eingeschlafen, aber sie erwachte mit unsagbarem Harme, da sie in seinem Blute schwamm; so sehr jammerte sie mit Weinen und Wehklagen, daß Sigurd sich von seinem Kopfkissen aufrichtete und sprach: »Weine nicht«, sagte er, »deine Brüder leben dir zur Freude. Aber einen allzu jungen Sohn habe ich, als daß er sich vor seinen Feinden hüten könnte. Schlimm aber haben sie für ihre Sache gesorgt – niemals erhalten sie einen solchen Schwager noch Schwestersohn, der auch mit ihnen in den Kampf ritte, wenn er es erreichen würde, aufzuwachsen. Jetzt ist das in Erfüllung gegangen, was vor langem geweissagt worden war, und wir haben nicht daran glauben wollen – aber keiner kann sich dem Geschick entziehen. Das hat Brynhild geraten, die mich mehr liebte als jeden andern Mann. Das kann ich beschwören, daß ich an Gunnar niemals Verrat begangen habe: ich hielt unsere Eide und war kein allzu naher Freund seiner Frau. Wenn ich das vorher gewußt hätte und mich mit meinen Waffen auf meine Füße stellen könnte, dann sollten viele ihr Leben verlieren, ehe ich fiele, und all die Brüder erschlagen werden; noch schwieriger sollte es ihnen werden, mich zu erschlagen als den größten Wisent oder Wildeber.« Da ließ der König sein Leben.

Gudrun aber holte mühsam Atem. Das hörte Brynhild und lachte laut, als sie ihr Seufzen vernahm. Da sprach Gunnar: »Nicht lachst du deshalb, weil du im innersten Herzen froh wärest – warum verlierst du deine Farbe? Ein großes Ungeheuer bist du, es ist wohl zu erwarten, daß du todgeweiht bist. Keiner hätte es mehr verdient als du, den König Atli vor sich erschlagen zu sehen, du müßtest eigentlich dabeistehen – nun müssen wir beschäftigt sein um unsern Schwager und Brudermörder.« Sie antwortete: »Keiner erhebt den Vorwurf, daß nicht genug getötet sei. König Atli kümmert sich nicht um eure Drohungen und Zornesausbrüche, er wird länger leben als ihr und größere Macht haben.« Högni sprach: »Nun ist das in Erfüllung gegangen, was Brynhild weissagte – diese böse Tat können wir nie wieder gutmachen.« Gudrun sprach: »Meine Gesippen haben meinen Mann erschlagen: jetzt werdet ihr an der Spitze der Schar in den

Krieg reiten, und wenn ihr zum Kampfe kommt, da werdet ihr merken, daß Sigurd euch nicht mehr zur einen Hand ist, und dann werdet ihr sehen, daß Sigurd euer Heil und Stärke war; wenn er ihm gleiche Söhne hätte, so könntet ihr unterstützt werden durch seine Nachkommen und seine Verwandten.«
Niemand wußte es sich zu erklären, daß Brynhild das lachenden Mundes erbeten hatte, was sie jetzt weinend beklagte. Da sprach sie: »Das träumte mir, Gunnar, ich hätte ein kaltes Bett, und du rittest in die Gewalt deiner Feinde – euerm ganzen Geschlechte wird es übel ergehen, denn ihr seid eidbrüchig. Euer Blut habt ihr zusammengemischt, Sigurd und du – aber dessen gedachtest du nimmer, da du ihn verrietest. Übel hast du ihm gelohnt, was er dir Gutes erwies, und daß er dir stets den Vorrang ließ. Damals, als er zu mir kam, da zeigte es sich, wie treulich er seine Eide hielt, denn zwischen sich und mir legte er das scharfschneidige Schwert, das in Gift gehärtet war. Aber gar schnell ludet ihr Schuld auf euch ihm gegenüber und mir, als ich daheim bei meinem Vater war und alles hatte, was ich wünschte. Ich dachte nicht, daß einer von euch mein werden sollte, als ihr drei Könige dorthin auf seinen Hof geritten kamt. Atli aber nahm mich zu einer Besprechung beiseite und fragte, ob ich den haben wollte, der Grani ritte – der aber war dir nicht gleich. König Sigmunds Sohn verhieß ich mich da und keinem andern. Euch aber wird es nicht wohlergehen auf euerm Wege – wenn ich auch sterbe.« Da sprang Gunnar auf, schlug die Arme um ihren Hals und bat, sie möchte leben bleiben und Gut zur Buße annehmen. Auch alle andern suchten ihr ihren Entschluß auszureden, sterben zu wollen. Sie aber stieß jeden von sich, der ihr nahte, und sagte, es nütze nichts, sie von dem zurückhalten zu wollen, was sie vorhätte.
Da rief Gunnar Högni herbei und fragte ihn um Rat; er bat ihn, hinzugehen und zu versuchen, ob er ihren Sinn besänftigen könne; er sagte, es wäre ein großes Bedürfnis vorhanden, sie zu beschwichtigen, bis einige Zeit verginge. Högni antwortete: »Niemand halte sie vom Sterben zurück, denn sie ist uns nicht zum Heile und keinem andern, seitdem sie hierher kam.«

Nun gebot sie, viel Gold herbeizubringen, und hieß alle herzukommen, die Gut empfangen wollten. Dann ergriff sie ihr Schwert, stieß es sich unter den Arm in die Brust, lehnte sich zurück gegen die Kissen und sprach: »Es nehme hier nun Gold, wer es nur haben will.« Alle schwiegen. Brynhild sprach: »Empfangt das Gold und genießet seiner wohl!« Weiter sagte Brynhild zu Gunnar: »Jetzt will ich dir kurz sagen, wie es später kommen wird: bald werdet ihr euch mit Gudrun versöhnen unter Beihilfe Grimhilds der Zauberkundigen. Eine Tochter Gudruns und Sigurds wird Svanhild heißen, die als die schönste aller Frauen wird geboren werden. Dann wird Gudrun gegen ihren Willen an Atli gegeben werden. Du aber wirst Oddrun[1] zur Frau haben wollen, doch Atli wird es verbieten: da werdet ihr heimlich zusammenkommen, und sie wird dich lieben. Atli wird dich verraten und in den Schlangenzwinger setzen. Darauf wird Atli selbst mit seinen Söhnen erschlagen werden – Gudrun wird sie töten. Dann werden mächtige Wogen Gudrun nach Jonakrs Burg tragen, da wird sie treffliche Söhne gebären. Svanhild wird aus dem Lande gesendet und König Jörmunrek vermählt werden – aber Bikkis treuloser Rat wird sie verderben: damit ist euer ganzes Geschlecht dahin, und Gudruns Harm ist um so größer.

Brynhilds Bitte

Nun bitt ich dich, Gunnar, um die letzte Bitte: laß einen großen Scheiterhaufen schichten auf ebenem Felde uns allen, mir und Sigurd und denen, die mit ihm erschlagen wurden; laß ein Zelt darüberspannen mit Männerblut gerötet. Laß mir zur einen Seite Sigurd verbrennen, den hunischen König, ihn zur andern Seite aber meine Mannen, zwei zu Häuptern und zwei zu Füßen, und zwei Habichte – so ist alles nach Gebühr verteilt. Laß dann wieder zwischen uns ein bloßes Schwert liegen, wie damals, als wir ein Bett bestiegen und Ehegatten genannt wurden. Nicht fällt ihm

---

[1] Oddrun ist eine Schwester Atlis und Brynhilds (Edda, I, 107 f.).

dann das Tor auf die Fersen, wenn ich ihm folge. Auch ist unser Leichenbegängnis nicht armselig, wenn ihm fünf Mägde und acht Diener folgen, die mein Vater mir gab, und wenn auch die mitverbrennen, die mit Sigurd erschlagen wurden. Noch mehr würde ich melden, wäre ich nicht wund zum Tode – aus der Wunde strömt das Blut, und die Wunde öffnet sich. Doch wahr ist, was ich geredet.«

Nun ward Sigurds Leiche nach altem heidnischem Brauche bestattet und ein großer Scheiterhaufen errichtet; als er recht in Brand geraten war, ward oben herauf die Leiche Sigurds gelegt, des Fafnirtöters, die seines drei Winter alten Sohnes, den Brynhild hatte erschlagen lassen, und die Gutthorms. Und als der Scheiterhaufen hell in Flammen stand, da bestieg ihn Brynhild und sagte zu ihren Kammermädchen, sie sollten das Gold nehmen, das sie ihnen geben wollte. Hierauf starb Brynhild und verbrannte mit Sigurd – also endete beider Leben.

Gudrun geht von dannen

Jeder, der diese Kunde vernimmt, sagt, daß ein Mann, wie Sigurd war in aller Hinsicht, nicht mehr auf der Welt ist, noch je geboren werden wird: sein Name wird nimmer vergessen werden in deutscher Sprache, noch in den Nordlanden, solange die Welt steht. Es wird erzählt, daß Gudrun eines Tages sprach, als sie in ihrer Kammer saß: »Besser war unser Leben, als ich Sigurd noch hatte. Denn so übertraf er alle Männer wie Gold das Eisen oder wie der Lauch alles Gras überragt, oder der Hirsch andere Tiere – bis meine Brüder mir einen solchen Mann mißgönnten, der edler war als alle. Sie konnten nicht ruhig schlafen, bis sie ihn erschlugen. Laut schnob Garni, als er seinen Herrn verwundet sah. Da redete ich mit ihm wie mit einem Menschen, er aber senkte das Haupt zur Erde – er wußte, daß Sigurd gefallen war.«

Darnach entwich Gudrun in den Wald; überall hörte sie um sich Wolfsgeheul, und zu sterben erschien ihr erwünscht. Gudrun wanderte, bis sie zur Halle König Halfs kam; sie weilte bei Thora, Kahons Tochter, in Dänemark sieben Halbjahre und wurde dort freundlich aufgenommen. Die stellte ihr einen Webstuhl auf, half ihr beim Einschlag des Gewebes und wirkte daran viele Heldentaten, schöne Kampfspiele, wie sie damals üblich waren. Schwert, Panzer und alles, worin sich ein König kleidet, ferner auch König Sigmunds Schiffe, wie sie vom Land abstießen; weiter wirkten sie, wie sich Sigar und Sigeir schlugen südlich auf Fühnen. Damit ergötzten sie sich, und Gudrun tröstete sich ein wenig über ihr Leid.

Grimhild vernahm, was aus Gudrun geworden war. Sie berief ihre Söhne zu einer Unterredung und fragte sie, wie sie Gudrun für Mann und Sohn Buße leisten wollten: das wäre ihre Schuldigkeit. Gunnar sprach und zeigte sich bereit, ihr Gold zu geben und so ihren Harm zu büßen.

Da schickten sie nach ihren Freunden und rüsteten ihre Rosse, Helme und Schilde, Schwerter und Brünnen und allerlei Heergeräte. So ward ihre Reise aufs feinste ausgerüstet, und kein Held, der bedeutend war, bleib daheim. Ihre Rosse waren geharnischt, und jeder Ritter hatte einen vergoldeten oder spiegelblanken Helm. Auch Grimhild machte sich mit ihnen auf den Weg, denn sie meinte, ihr Vorhaben würde dann erst Erfolg haben, wenn sie nicht daheim bliebe. Sie hatten im ganzen fünfhundert Mann, auch vornehme Männer hatten sie mit sich: Valdamar von Dänemark war mit ihnen und Eymod und Jarisleif.

Sie gingen hinein in die Halle König Halfs: da waren Langobarden, Franken und Sachsen; sie schritten einher in voller Rüstung und hatten rote Pelzmäntel übergeworfen, wie es im Liede heißt:

27 Kurz war der Harnisch,
   Der Helm gegossen,
   An der Seite das Schwert hing
   den Schwarzgelockten.

Sie wollten ihrer Schwester gute Gaben darbringen und redeten freundlich mit ihr – sie aber traute ihrer keinem. Darauf gab ihnen Grimhild einen schädlichen Trank[1]; sie mußten ihn annehmen und dachten seitdem an keinen Streit mehr. Dieser Trank war gemischt mit kräftiger Erde, eiskaltem Meereswasser und Eberblut: in das Horn waren allerlei Runenstäbe geritzt und mit Blut gerötet, wie es hier heißt:

> 28 Im Innern des Horns
> Waren allerlei Runen
> Geritzt und gerötet,
> Raten konnt' ich sie nicht;
> Ein langer Heidwurm[2],
> Vom Lande Haddings[3]
> Ungeschnittne Ähren,
> Das Innere der Tiere.

> 29 Viel Böses war
> Dem Biere beigemischt:
> Allerlei Kräuter,
> Der Küche Asche,
> Verbrannte Eckern,
> Opfer-Gedärme,
> Schweinsleber gesotten,
> Die den Hader beschwichtigt[4].

Darauf, als sie sich versöhnt hatten, herrschte große Freude. Da sprach Grimhild, als sie Gudrun traf: »Wohl ergeh es dir, Tochter! Ich schenke dir Gold und allerlei Kleinode, daß du sie empfängst als dein Vatererbe, köstliche Ringe und Teppiche von hunischen Mädchen gewebt, die die feinsten sind. Damit ist dir dein Mann gebüßt. Sodann sollst du dich mit König Atli vermählen,

---

[1] Ein Vergessenheitstrank, wie sie ihn auch Sigurd gereicht hatte; er soll bei Gudrun die von den Gjukungen erfahrene Kränkung auslöschen. Die Runen in Str. 28 wirken bloß durch ihr Dasein, ihre Gestalt und vielleicht durch ihre rote Farbe. [2] Der Heidwurm ist die Schlange. [3] Das Land Haddings ist die Totenwelt, in der das Kraut der Vergessenheit wächst. Gerade die Unverständlichkeit und Undeutbarkeit steigern die grausige Wirkung; man denke an die Hexenküche in Macbeth. [4] Die Beimischungen in Str. 29 scheinen die übernatürliche Wirkung des Bieres zu erhöhen.

dem mächtigen, so wirst du auch seiner Schätze schalten. Laß nicht von deinen Verwandten um des einen Mannes willen, sondern tu vielmehr, wie wir bitten.« Gudrun antwortete: »Nimmer will ich König Atli zum Gatten haben; uns beiden ziemt es nicht, das Geschlecht zu mehren.« Grimhild erwiderte: »Erinnere dich nicht mehr des alten Haders[1], sondern gehab dich so, als ob Sigurd und Sigmund[2] noch lebten, wenn du mit Atli Söhne hast.« Gudrun sprach: »Ich kann die Gedanken von ihm nicht abwenden, denn er war trefflicher als alle.« Grimhild sprach: »Diesen König Atli zu haben ist dir bestimmt, andernfalls sollst du keinen andern Gatten bekommen.« Gudrun antwortete: »Bietet mir nicht diesen König als Mann an, von dem nur Böses diesem Geschlecht entsteht, er wird deinen Söhnen Übles zufügen, und grausam wird es dann an ihm gerächt werden.« Grimhild wurde über ihre Vorstellungen wegen ihrer Söhne traurig und sprach: »Tu, was wir bitten; große Ehre und unsere Freundschaft sollst du dafür haben, sowie die Orte, die Vinbjörg und Valbjörg heißen.« Ihre Worte waren von so großem Gewicht, daß dies geschehen mußte. Gudrun sprach: »So muß es denn vor sich gehen, wenn auch wider meinen Willen: es wird wenig zur Freude, eher zum Leide gereichen.«

Dann bestiegen sie ihre Rosse, und ihre Frauen wurden auf Wagen gesetzt, und so reisten sie sieben Tage zu Pferde, dann sieben Tage zu Schiffe, und wieder sieben Tage zu Lande, bis daß sie zu einer hohen Halle kamen. Viel Volks ging Gudrun entgegen. Da war ein herrliches Mahl gerüstet, wie schon vorher von ihnen verabredet war: es verlief glänzend und sehr prächtig. Bei diesem Gastmahle trank Atli Brautlauf mit Gudrun. Aber niemals wollte ihr Herz ihm zulachen, und wenig liebevoll war ihr Beisammensein.

---

[1] Mit Brynhild, Atlis Schwester. [2] Mit Sigmund ist Sigurds und Gudruns Sohn gemeint, der, drei Jahre alt, auf Brynhilds Anstiften erschlagen worden war.

Gudrun ritzt Runen

Nun wird erzählt: in einer Nacht, da Atli aus dem Schlafe erwachte, sprach er zu Gudrun: »Mir träumte«, sprach er, »daß du mich mit einem Schwerte durchbohrtest.« Gudrun deutete den Traum dahin, es bedeute Feuer, wenn man von Eisen träume, »und den Wahn, daß du dich trefflicher dünkst als alle«. Atli sprach: »Ferner träumte mir: zwei Rohrstengel, die hier gewachsen waren, und die ich nie verletzen wollte, wurden mit den Wurzeln ausgerissen und in Blut gerötet, zu den Bänken der Speisenden gebracht und mir zu essen geboten. Und ferner träumte mir: zwei Habichte flögen mir von der Hand, die blieben ohne Fraß und fuhren zur Hel; mir war es, als wären ihre Herzen mit Honig vermischt, und als äße ich sie. Dann wieder träumte mir: zwei schöne junge Hunde, die mir zu Füßen lagen, heulten laut auf, und ich aß ihr Fleisch wider Willen.« Gudrun sprach: »Deine Träume sind nicht gut, aber sie werden in Erfüllung gehen. Deine Söhne werden todgeweiht sein, und mancherlei Schweres wird uns zustoßen.« »Das träumte mir noch«, sagte Atli, »ich läge im Bett, und mein Tod wäre beschlossen[1].« Damit war dies abgetan, und sie lebten weiter lieblos beieinander.

Nun überlegte Atli bei sich, was aus dem vielen Golde geworden sei, das Sigurd besessen hatte[2]; das aber wußten König Gunnar und sein Bruder. Atli war ein gewaltiger König, mächtig und klug, und hatte viel Volks; er hielt Rat mit seinen Mannen, wie man dabei verfahren solle. Er wußte, daß Gunnar und Högni viel mehr Reichtum hätten, als daß sich einer mit ihnen messen könnte. Er beschloß, einige seiner Mannen zu den Brüdern zu schikken, sie zu einem Gastmahle zu laden und sie auf manche Weise zu ehren – ihr Führer war der Mann, der Vingi genannt wird. Die Königin erfuhr von ihrem heimlichen Gespräche und argwöhnte, daß Verrat gegen ihr Brüder geschmiedet würde. Da ritzte Gudrun Runen, nahm einen Goldring, knüpfte Wolfshaar

---

[1] Dieser Traum, von dem keine Deutung folgt, ist nur durch ein Mißverständnis des Erzählers hineingekommen. [2] Als Gudruns zweiter Gatte beansprucht Atli Sigurds Erbe für sich.

darein[1] und gab das so den Sendboten des Königs in die Hände. Darauf machten sie sich auf den Weg nach des Königs Gebote. Ehe sie aber ans Land stiegen, besah Vingi die Runen und änderte sie so, daß Gudrun in den Runen zuredete, sie möchten zu Atli kommen.

Als sie zur Halle König Gunnars gekommen waren, wurden sie freundlich aufgenommen und große Feuer vor ihnen angezündet; dann tranken sie froh den besten Trank. Da sprach Vingi: »König Atli hat mich hierher gesandt, er wünscht, daß ihr ihn daheim besucht mit großen Ehren und große Ehren von ihm empfangt, Helme und Schilde, Schwerter und Brünnen, Gold und gute Kleider, Heervolk und Rosse und großes Lehen; er sagte, daß er euch am liebsten sein Reich gönne.« Da schüttelte Gunnar das Haupt und sagte zu Högni: »Was sollen wir von diesem Anerbieten annehmen? Er bietet uns große Herrschaft an, aber keine Könige kenne ich gleich reich an Gold wie uns, denn wir haben den ganzen Hort, der auf der Gnitaheide lag[2]; auch haben wir große Kammern voll von Gold, und von den besten Hiebwaffen und allerlei Kriegsrüstung. Meinen Hengst weiß ich den besten, mein Schwert das schärfste, mein Gold das edelste.«

Högni antwortete: »Ich wundere mich über seine Einladung, denn das hat er noch nie getan – unrätlich dünkt es mich, zu ihm zu reisen. Auch darüber habe ich mich gewundert, daß ich, als ich die Kleinode besah, die König Atli uns geschickt hat, ein Wolfshaar in einen Goldring geknüpft fand; vielleicht dünkt Gudrun, er sei wölfisch gegen uns gesinnt, und sie will nicht, daß wir hinreisen.«

Vingi zeigte ihnen nun die Runen, die, wie er sagte, Gudrun gesandt habe. Darauf ging das gemeine Volk schlafen, sie aber tranken noch mit einigen Mann. Da trat Högnis Frau hinzu, die Kostbera hieß, die reizendste der Frauen, und betrachtete die

---

[1] Wer diese symbolische Handlung richtig versteht, bedarf keiner erklärenden Worte. Der Ring deutet auf den Nibelungenhort, mit dem Atli Gudruns Brüder lockt; das Wolfshaar am Golde warnt. Die Warnung durch einen Runenbrief, den Vingi fälscht, stammt aus dem grönländischen Atliied Str. 4, 9 – 12 (Edda I, 71). [2] Fafnirs Hort, der Nibelungenschatz, den sie von Sigurd ererbt hat.

Runen; Gunnars Gattin hieß Glaumvör, sie war eine stattliche Frau – beide schenkten ein. Die Könige wurden sehr trunken. Das bemerkte Vingi und sprach: »Es ist nicht zu leugnen, daß König Atli sehr schwerfällig ist und zu sehr gealtert, sein Reich zu verteidigen; seine Söhne aber sind noch zu jung und zu nichts geschickt. Nun will er euch Gewalt über sein Reich geben, solange sie noch so jung sind, und er gönnt es euch am liebsten, dessen zu genießen.« Nun war beides der Fall: Gunnar war sehr trunken, andererseits wurde ihm eine große Herrschaft geboten – auch konnte er sich nicht dem Schicksal entziehen: darum verhieß er die Fahrt und sagte es seinem Bruder Högni. Der antwortete: »Eure Entscheidung wird bestehen müssen, und folgen werde ich dir – aber wenig Lust habe ich zu dieser Fahrt.«
Als die Männer nach Herzenslust getrunken hatten, gingen sie schlafen. Kostbera begann die Runen zu untersuchen, sagte sie vor sich her und sah, daß anderes darauf geritzt war, als dahintersteckte – doch gelang es ihr bei ihrer Klugheit, sie zu verstehen. Darauf ging auch sie zu Bett bei ihrem Gatten.
Als sie erwachten, sprach sie zu ihrem Gatten: »Von Hause willst du fort, aber es ist unrätlich – reise lieber ein andermal. Du verstehst die Runen nicht recht, wenn du wähnst, sie, deine Schwester, habe dich diesmal eingeladen. Ich riet die Runen – es sollte mich wundern, wenn eine so kluge Frau sie so verworren geritzt haben sollte: es stand zuerst so da, daß euer Leben gefährdet wäre. Da sind nur zwei Möglichkeiten: entweder fehlte ihr ein Runenzeichen, oder aber andre haben die Runen gefälscht. Und nun sollst du meinen Traum hören.«

Högni deutet die Träume seiner Frau

»Mich dünkte im Traume, ein sehr reißender Strom bräche hier herein und risse alle Dielen in der Halle auf.« Er antwortete: »Ihr Frauen seid oft mißtrauisch. Ich aber habe nicht die Sinnesart danach, einem Manne mit Arg zu begegnen, es sei denn, daß er es verdient habe – er wird uns freundlich empfangen.« Sie antwortete: »Ihr werdet es ja erfahren; aber Freundschaft wird bei dieser

Einladung nicht sein. Mir träumte weiter, ein anderer Strom bräche hier herein, toste furchtbar, bräche alle Bänke in der Halle auf und bräche euch beiden Brüdern die Beine: das wird etwas zu bedeuten haben.« Er entgegnete: »Da werden Äcker wogen, wo du einen Strom zu sehen glaubtest: wenn wir über den Acker gehen, stechen oft große Ährenstacheln uns in die Füße.« »Nochmals träumte mir«, sagte sie, »daß deine Bettdecke in Brand geriete, und daß das Feuer emporloderte aus der Halle.« Er antwortete: »Das weiß ich genau, was das zu bedeuten hat: unsere Kleider liegen hier, etwas vernachlässigt – die wird man da verbrennen, wo du die Bettdecke sahst.« »Ein Bär schien mir hereinzukommen«, fuhr sie fort, »der riß den Königs-Hochsitz nieder und schüttelte die Pranken, so daß wir alle in Furcht gerieten; er hatte uns alle auf einmal in seinem Rachen, so daß wir nichts vermochten – darob entstand großer Schrecken.« Er antwortete: »Da wird ein großes Unwetter kommen, das dir im Traume als ein Eisbär erschien.« »Ein Aar, so dünkte mich«, sagte sie, »flog herein und die Halle entlang und bespritzte mich und uns alle mit Blut – das wird Schlimmes bedeuten, denn mich dünkte, als ob das König Atlis äußere Gestalt wäre[1].« Er entgegnete: »Oft schlachten wir reichlich und erschlagen mächtige Rinder uns zur Freude: es bedeutet Ochsen, wenn man von Adlern träumt – Atlis Gesinnung wird wohlwollend gegen uns sein.« Damit brachen sie das Gespräch ab.

Der Auszug der Brüder

Jetzt ist von Gunnar zu erzählen, daß es da ebenso ging, als sie erwachten: Glaumvör, Gunnars Gattin, sagte ihm ihre vielen Träume, die ihr auf Verrat zu deuten schienen – aber Gunnar deutete sie alle im entgegengesetzten Sinne. »Dies war einer von ihnen«, sagte sie, »daß mich dünkte, ein blutiges Schwert würde herein in die Halle getragen, du wurdest von dem Schwerte durchbohrt, und Wölfe heulten an beiden Enden des Schwertes.«

---

[1] Während der Leib ruhig zurückbleibt, kann die Seele in andrer Gestalt, meist in der eines Tieres, eine Wanderung antreten, sich in den Kampf begeben, durch Luft und Meer ziehen.

Der König antwortete: »Kleine Hunde werden uns beißen wollen, oft bedeuten Waffen mit Blut gefärbt Hundegekläff.« Sie sprach: »Ferner schienen mir hier Frauen hereinzukommen, die waren trübselig und wollten dich zu ihrem Manne erkiesen – das werden deine Schutzgöttinnen gewesen sein.« Er erwiderte: »Schwierig ist diese Deutung, man kann seinem Schicksal nicht entgehen; es ist nicht unwahrscheinlich, daß ich nicht lange mehr leben werde.«

Am Morgen sprangen sie auf und wollten reisen, aber die andern rieten ihnen ab. Da sprach Gunnar zu dem Manne, der Fjörnir hieß: »Steh auf und gib uns zu trinken aus großen Kannen guten Wein, denn vielleicht ist dies unser letztes Gelage: jetzt wird der alte Wolf das Gold in Besitz nehmen, wenn wir sterben, und der Bär wird gleichfalls nicht ermangeln, mit seinen Kampfzähnen zu beißen.«

Das Volk geleitete sie hinaus mit Weinen. Högnis jüngster Sohn sprach: »Fahrt wohl und habt viel Glück!« Dann blieb der größte Teil ihres Gefolges zurück. Solar und Snävar, Högnis Söhne, waren mit auf der Fahrt und ein großer Kämpe, der Orkning hieß, er war ein Bruder Kostberas. Der Rest des Volkes folgte ihnen zu den Schiffen, und alle redeten von der Fahrt ab – aber das nützte nichts. Da sprach Glaumvör: »Vingi«, sagte sie, »es ist zu fürchten, daß großes Unheil aus deinem Kommen entstehen wird und daß große Dinge auf dieser Fahrt geschehen werden.« Er antwortete: »Das schwöre ich, daß ich nicht lüge: mich empfange ein hoher Galgen und alle Unholde, wenn ich irgendein Wort lüge«, und er nahm den Mund recht voll mit solchen Verwünschungen. Da sprach Bera: »Fahrt wohl und mit gutem Glück!« Högni rief zurück: »Seid fröhlich, wie es uns auch ergeht!« Damit schieden sie, wie es das Schicksal bestimmt hatte.

Sie ruderten gewaltig und mit so großer Kraft, daß beinahe der halbe Kiel unten vom Schiffe los ging; sie warfen sich in die Ruder weit ausholend mit solcher Wucht, daß die Handgriffe der Ruder und die Ruderpflöcke zerbrachen. Und als sie ans Land kamen, befestigten sie ihr Schiff nicht. Dann ritten sie auf ihren stattlichen Rossen eine ziemlich lange Zeit durch dunkeln

Wald.[1] Da erblickten sie die Königsburg; aus ihr erscholl großes Getöse und Waffenlärm, und sie sahen da eine Menge Männer, die sich rüsteten – alle Burgtore waren voll von Männern. Sie ritten nach der Burg, aber sie war verschlossen, Högni erbrach das Tor, und so ritten sie in die Burg. Da sprach Vingi: »Das hättest du besser unterlassen – wartet jetzt hier, bis ich euch einen Galgen suche. Freundlich lud ich euch ein herzukommen, aber Falsch stak dahinter – jetzt braucht ihr nicht lange mehr zu warten, bis ihr werdet aufgehängt werden.« Högni erwiderte: »Dir geben wir nicht nach, und selten, denke ich, wichen wir zurück, wo Männer kämpfen sollten. Dir aber nützt es nichts, uns zu schrecken, und übel soll es dir bekommen!« Da stießen sie ihn nieder und warfen ihn mit Streitäxten zu Tode.

Der Kampf in der Burg

Als sie nach der Königshalle geritten kamen, ordnete König Atli sein Kriegsvolk zum Kampfe, und so stellten sich die Schlachtreihen auf, daß ein eingehegter Platz zwischen sie zu liegen kam. »Seid uns willkommen!« rief Atli ihnen zu. »Gebt mir das viele Gold, das uns zukommt, den Hort, den Sigurd besaß und der nun Gudrun gehört.« Gunnar antwortete: »Nimmermehr erhältst du den Hort – tapfere Männer werden hier zuvor mit dir zusammentreffen, ehe wir das Leben lassen, wenn ihr uns Kampf bietet. Vielleicht hast du für Adler und Wolf[2] großartig und höchst freigebig dieses Mahl gerüstet.« »Lange schon hatte ich es in meinem Sinne«, sprach Atli, »euch ans Leben zu gehen, um über das Gold zu schalten und euch so das Neidingswerk zu vergelten, daß ihr euern besten Verwandten verraten habt – ihn will ich rächen.« Högni erwiderte: »Wenig hat es euch geholfen, daß ihr schon lange über diesem Rate gebrütet habt, denn ihr seid noch zu nichts gerüstet.«

---

[1] Der »Dunkelwald« Myrkvid bezeichnet den großen Waldgürtel, der sich durch ganz Deutschland hindurchzog und die germanische Welt gegen Süden abschloß. [2] Die Tiere des Schlachtfeldes, d. h., es wird zu einem blutigen Kampfe kommen, in dem viele Männer fallen werden.

Da kam es zu hartem Kampfe, und zuerst zum Kampfe mit Geschossen. Diese Kunde drang zu Gudrun. Als sie es hörte, geriet sie außer sich und warf den Mantel von sich. Darauf ging sie hinaus, begrüßte die Angekommenen, küßte ihre Brüder und bezeigte ihnen Liebe – dies war ihre letzte Begrüßung. Dann sprach sie: »Ich glaubte dem vorgebeugt zu haben, daß ihr kämet – aber niemand vermag dem Geschick zu widerstehen.« Sie fuhr fort: »Kann es noch etwas nützen, Sühne zu versuchen?« Das aber verneinten alle entschieden. Nun sah sie, wie übel ihren Brüdern mitgespielt wurde, faßte einen schnellen Entschluß, kleidete sich in eine Brünne, nahm ein Schwert und half ihren Brüdern im Kampfe; so mutig drang sie vorwärts, wie wenn sie der stärkste Mann wäre – alle sagten übereinstimmend, daß kaum einer sich hätte tapferer verteidigen können als sie. Da hub ein großes Männermorden an, aber das Vordringen der Brüder trug doch den Sieg davon. Der Kampf dauerte lange, bis über Mittag hinaus. Gunnar und Högni stürmten durch König Atlis Schlachtreihen, und es wird erzählt, daß das ganze Feld überströmt wurde von Blut. Högnis Söhne drangen tapfer vor. Da rief Atli: »Wir hatten ein großes und stattliches Heer und gewaltige Helden – aber jetzt sind viele von uns gefallen, und Übles haben wir euch zu vergelten: neunzehn meiner Kämpen habt ihr erschlagen, elf nur sind noch übrig.«

Da ward ein Stillstand im Kampfe. König Atli sprach: »Wir waren vier Brüder – jetzt bin ich allein noch übrig. Mächtige Schwägerschaft gewann ich und erhoffte mir Vorteil davon; eine Frau hatte ich, schön und klug, hochherzig und heldenmütig – aber ihre Klugheit kam mir nicht zugute, denn selten sind wir einig gewesen. Nun habt ihr mir viele meiner Sippen erschlagen, dazu mich um Land und Gut betrogen und meine Schwester[1] verraten – das härmt mich am meisten.« Högni erwiderte: »Wie kannst du das erwähnen? Ihr bracht zuerst den Frieden: du nahmst meine Verwandte[2], hungertest sie zu Tode, mordetest sie und raubtest ihr das Gut – das war nicht königlich gehandelt. Eine Freude ist

---

[1] Brynhild – durch den Betrug beim Durchreiten der Waberlohe. [2] Nach dem grönländ. Atlilied Str. 53 Grimhild – ein sonst unbekannter Sagenzug.

es mir, dich deinen Harm herzählen zu hören, und den Göttern will ich danken, daß es dir schlimm geht.«

Högni wird gefangengenommen

Darauf spornte König Atli sein Volk zu heftigem Angriff an. Tapfer wurde gekämpft; die Gjukunge aber stürmten so heftig vor, daß König Atli in die Halle hineinwich: sie fochten darinnen weiter, hart war der Kampf. Diese Schlacht verlief unter großem Männermorden und endete so, daß alles Volk der Brüder gefallen war, und sie beide allein noch aufrecht standen; doch viele Männer waren vorher vor ihren Waffen zur Hel gefahren. Da ward König Gunnar angegriffen, und infolge der Übermacht ward er gefangengenommen und in Fesseln gelegt. Högni aber kämpfte dann noch weiter mit großer Tapferkeit und hohem Heldenmute: er fällte zwanzig der bedeutendsten Kämpen König Atlis. Er stieß manchen in das Feuer, das in der Halle brannte. Alle waren darin einig, daß man einen solchen Mann noch nie gesehen hätte. Dennoch ward er zuletzt von der Übermacht bezwungen und gefangengenommen.

Atli sprach: »Schrecklich ist es, wie viele Männer durch ihn haben ihr Leben lassen müssen! Darum schneidet ihm das Herz aus – das sei sein Tod!« Högni sprach: »Tu, wie dir beliebt: freudig will ich das erwarten, was ihr beginnen wollt – du wirst sehen, daß mein Herz keine Furcht kennt. Wohl hab ich viel Hartes schon vorher erfahren und habe Proben der Standhaftigkeit gern bestanden, solange ich unverwundet war; jetzt aber bin ich schwer verwundet, und du hast über unsern Streit allein zu entscheiden.« Da sprach ein Ratgeber König Atlis[1]: »Ich weiß einen bessern Rat: nehmen wir lieber den Knecht Hjalli und lassen Högni am Leben. Dieser Knecht ist nichts Besseres wert als zu sterben – solange er lebt, ist er elend.« Der Knecht hörte es,

---

[1] Dieser Rat setzt die Situation des hier sonst nicht benutzten Alten Atliliedes voraus: Gunnar hat als Zeichen von Högnis Tod und somit als Bedingung der Auslieferung des Schatzes das Herz Högnis verlangt.

schrie laut auf und entsprang dahin, wo er sich Schutz erhoffte; er
rief, Übles falle ihm zu von ihrer Feindschaft, er müsse ihres Un-
heils entgelten; ein Unglückstag wäre es, wenn er von seinem guten Essen fortsterben müsse und von 'den Schweinen, die er zu
hüten habe. Sie ergriffen ihn und zückten das Messer gegen ihn:
er schrie laut auf, ehe er noch die Spitze fühlte. Da sprach Högni,
wie recht wenige pflegen, wenn sie Mannhaftigkeit zu bewähren
haben, er bäte um das Leben des Knechtes; er erklärte, er könne
das Geschrei nicht anhören, und meinte, es wäre ihm leichter,
selber dieses Spiel zu bestehen. Dem Knechte wurde das Leben
geschenkt.
Darauf wurden sie beide, Gunnar und Högni, in Fesseln gelegt.
Da sagte König Atli zu König Gunnar, er solle angeben, wo das
Gold sei, wenn er anders das Leben geschenkt haben wolle. Er
antwortete: »Zuvor muß ich das blutige Herz meines Bruders
Högni sehen[1].«
Da ergriffen sie den Knecht abermals[2], schnitten ihm das Herz
aus und brachten es König Gunnar. Der aber sprach: »Das ist das
Herz Hjallis des Feigen, das ich hier sehe; es gleicht nicht dem
Herzen Högnis des Kühnen, denn gar sehr bebt es jetzt, aber
noch doppelt so stark bebte es, als er es noch in der Brust trug.«
Da gingen sie auf König Atlis Befehl zu Högni und schnitten ihm
das Herz aus[3]. Und so groß war sein Heldenmut, daß er lachte,
während er diese Qual aushielt: alle bewunderten seine Standhaftigkeit, und das Andenken hat sich seitdem erhalten. Sie zeigten
Gunnar das Herz Högnis. Er sprach: »Hier sehe ich das Herz
Högnis des Kühnen. Es gleicht nicht dem Herzen Hjallis des
Feigen, denn es bebt jetzt kaum, aber weniger bebte es noch, als
er es in der Brust trug. Du aber, Atli, wirst dein Leben lassen, wie
wir jetzt unser Leben lassen. Nun weiß ich allein, wo das Gold
ist; jetzt kann Högni es dir nicht mehr sagen. Bald kam dies, bald
jenes mir in den Sinn[4], da wir beide lebten, aber jetzt habe ich für
mich allein zu entscheiden: lieber mag denn der Rhein des Goldes

---

[1] Vgl. die vorige Anm. [2] Der abweichende Bericht des Älteren ist mit dem des grönländischen Atliliedes verbunden. [3] In der Kirche zu Austad (Telemarken) ist dieser Auftritt in Holz geschnitzt.
[4] D. h. unentschlossen war ich.

walten, als daß die Hunnen es an ihren Händen tragen.« König
Atli sprach: »Führt den Gefangenen fort!« Und so geschah es.
Gudrun aber rief einige Männer zu sich, ging zu König Atli und
sagte: »Möge es dir schlecht ergehen und so, wie du verdienst, da
du auf diese Weise dein Wort mir und Gunnar gehalten hast!«
Gunnar ward in einen Schlangenzwinger geworfen, darin waren
viele Schlangen, sein Hände waren fest gefesselt. Gudrun sandte
ihm eine Harfe; da zeigte er seine Kunst und handhabte die Harfe
mit großem Geschick, indem er die Saiten mit den Zehen schlug
und spielte so schön und trefflich, daß wenige meinten, so gut die
Harfe mit den Händen schlagen gehört zu haben. Und so lange
übte er diese Kunst, bis alle Schlangen einschliefen – nur eine
Natter nicht[1], groß und scheußlich anzuschauen; die kroch zu
ihm heran und grub sich mit ihrem Maule ein, bis sie sein Herz
traf: so ließ er sein Leben mit großem Heldenmut.

Atlis Unterredung mit Gudrun

König Atli meinte einen großen Sieg errungen zu haben und sagte
zu Gudrun, wie um sie zu verhöhnen oder um zu prahlen:
»Deine Brüder hast du nun verloren, Gudrun, aber du selbst bist
daran schuld.« Sie antwortete: »Froh bist du jetzt, da du mir diesen Mord kundtust; aber vielleicht bereust du ihn noch einmal,
wenn du erfährst, was darauf folgt; immer soll das Erbe frisch
bleiben, niemals zu vergessen meinen Haß: es wird dir nicht
wohlergehen, solange ich lebe.« Er antwortete: »Wir wollen uns
versöhnen: ich will dir deine Brüder büßen mit Gold und kostbaren Kleinoden nach deinem Wunsche.« Sie erwiderte: »Schon
lange ist es nicht gut gewesen, es mit mir zu tun zu haben; doch
war es auszuhalten, solange Högni lebte. Niemals könntest du
mir meine Brüder so büßen, daß ich zufrieden wäre. Aber oft
schlagt ihr uns Frauen nieder mit eurer Gewalt. Jetzt sind alle
meine Gesippen tot. Du allein hast über mich zu entscheiden. So

---

[1] Nach Edda I, 111 ist es Atlis Mutter, die in Schlangengestalt Gunnar totbeißt.

muß ich mich denn in diese Lage fügen. Wir wollen ein großes Gastmahl rüsten: ich will für meine Brüder die Totenfeier halten[1], und desgleichen du für deine Gesippen.« Sie stellte sich nun freundlich in Worten, dennoch stak in Wirklichkeit dahinter ihre frühere Gesinnung. Atli war leichtgläubig und traute ihren Worten, da sie sich unbekümmert in ihren Reden zeigte.

Gudrun rüstete also die Totenfeier für ihre Brüder und ebenso Atli für seine Mannen – lauter Lärm herrschte bei dem Feste. Gudrun aber gedachte ihres Harms und sann darauf, wie sie dem König eine große Schmach antun könnte. Und am Abend ergriff sie ihre Söhne und die König Atlis, als sie am Hochsitzpfeiler spielten. Die Knaben wurden ängstlich und fragten, was sie sollten. Sie antwortete: Fragt nicht danach! Ich will euch beide töten.« Sie erwiderten: »Schalten kannst du mit deinen Kindern wie du willst, das wird dir keiner wehren; aber eine Schmach ist es dir, so zu handeln.« Darauf schnitt sie ihnen die Hälse durch. Der König fragte, wo seine Söhne wären. Gudrun antwortete: »Ich werde es dir sagen und dein Herz erfreuen. Du brachtest großen Harm über mich, als du meine Brüder erschlugst – nun höre, was ich dir zu sagen habe. Du hast deine Söhne verloren. Ihre Hirnschalen werden hier als Trinkbecher benutzt, und du selbst hast daraus ihr Blut mit Wein vermischt getrunken. Sodann nahm ich ihre Herzen und briet sie am Spieße – du hast sie gegessen.« König Atli antwortete: »Grausam bist du, da du deine Söhne mordetest und mir ihr Fleisch zu essen gabst – schnell läßt du Böses auf Böses folgen.« Gudrun sagte: »Gern wollte ich dir noch fernerhin große Schmach antun, gegen einen solchen König kann nicht schlecht genug verfahren werden.« Der König sprach: »Übler hast du gehandelt, als daß die Menschen etwas Ähnliches zu erzählen wüßten, auch ist großer Unverstand bei solcher Hartherzigkeit – du hättest verdient, auf einem Scheiterhaufen verbrannt und zuvor gesteinigt zu werden: dann hättest du das, wohin du steuerst.« Sie antwortete: »Das kannst du dir selbst weissagen, mir aber wird ein anderer Tod zuteil werden.« Sie

---

[1] Eigentlich »Erbmahl«, das Gelage, womit der Erbe feierlich in seine Rechte eintritt, dann = Leichenschmaus.

wechselten noch viele Zornesworte miteinander. Högni hatte einen Sohn nachgelassen, der Niflung hieß; er hatte einen großen Haß auf König Atli und sagte zu Gudrun, er wolle seinen Vater rächen. Die nahm das wohl auf, und sie hielten Rat; sie sagte, es wäre ein großes Glück dabei, wenn es ausgeführt würde.
Am Abend, als der König getrunken hatte, ging er schlafen; und als er eingeschlafen war, kam Gudrun dahin und Högnis Sohn. Gudrun nahm ein Schwert und stieß es dem Könige Atli vorn in die Brust – beide setzten sie es ins Werk, Gudrun und Högnis Sohn. König Atli erwachte von der Wunde und sprach: »Wenig würde es nützen, diese Wunde zu verbinden oder sonst zu pflegen – wer hat mir diese Verwundung beigebracht?« Gudrun antwortete: »Ich tat es zum Teil und zum Teil der Sohn Högnis.« Da sprach Atli: »Nicht hätte sich das für dich zu tun geziemt, obwohl einiger Grund dazu war: du warst mir vermählt mit deiner Gesippen Rat, und als Brautschatz gab ich dir dreißig gute Ritter, edle Mädchen und viele andere Männer; du aber meintest, daß dir nicht nach Gebühr geschehen sei, wenn du nicht über die Lande herrschtest, die König Budli besessen hatte, und oft ließest du deine Schwiegermutter in Tränen sitzen.« Gudrun entgegnete: »Viel Unwahres hast du gesprochen, ich kümmere mich nicht um deine Worte. Oft war ich unfreundlich in meinem Sinn, aber du machtest es noch viel schlimmer. Hier ist oft großer Streit in deinem Hofe gewesen, oft schlugen sich Verwandte und Freunde, eins war dem andern feind. Damals lebte ich glücklicher, als ich noch bei Sigurd war: wir erschlugen Könige und schalteten über ihre Schätze, wir gaben Frieden denen, die es wollten, Häuptlinge unterwarfen sich, und wir machten den mächtig, der es wollte. Danach verloren wir ihn; aber das war noch ein Kleines, Witwennamen zu tragen – jedoch das härmt mich am meisten, daß ich zu dir kam, nachdem ich den trefflichsten König zum Gatten gehabt hatte, und niemals kamst du aus dem Kampfe, ohne den kürzeren gezogen zu haben.« König Atli antwortete: »Das ist nicht wahr. Doch mit solchen Vorwürfen wird kenem von uns beiden geholfen, aber unrecht haben wir ein wenig. Handle nun an mir nach Gebühr und laß meine Leiche ehrenvoll

bestatten.« Sie sagte: »Das will ich tun und dir eine ehrenvolle Bestattung bereiten in stattlicher Steinkiste, ich will dich in schöne Tücher hüllen und alles Nötige für dich besorgen.« Darauf starb er; sie aber tat, wie sie verheißen hatte.
Sodann ließ sie Feuer in die Halle werfen, und als das Hofgesinde mit Schrecken erwachte, wollten die Männer nicht den Feuertod erleiden, sondern erschlugen sich selbst und fanden so den Tod. So endete das Leben König Atlis und seines ganzen Hofes. Gudrun aber wollte nicht länger leben nach dieser Tat – jedoch ihr Todestag war noch nicht gekommen.
Die Völsunge und Gjukunge sind nach dem, was die Leute erzählen, die mutigsten und mächtigsten Helden gewesen, und so heißt es auch in alten Liedern.
Also fand der Kampf nach diesen Ereignissen ein Ende.

Von Gudrun

Gudrun hatte eine Tochter mit Sigurd, die Svanhild hieß; sie war aller Frauen schönste und hatte durchdringende Augen wie ihr Vater, so daß nur wenige es wagten, ihr unter die Augenbrauen zu blicken. So sehr übertraf sie alle andern Frauen an Schönheit wie die Sonne die andern Gestirne[1].
Gudrun schritt einmal an den Strand, schwere Steine in ihrem Busen tragend, und ging so in die See, um sich den Tod zu geben. Da hoben und trugen sie hohe Wogen über die See, mit ihrer Hilfe bewegte sie sich fort und kam endlich nach der Burg König Jonakrs. Der war ein mächtiger König über viel Volk. Er nahm Gudrun zur Frau: ihre Kinder waren Hamdir, Sörli und Erp. Svanhild wurde dort aufgezogen.

---

[1] W. Jordan hat in »Hildebrands Heimkehr« in Anlehnung an die nordische Sage, aber in vollständig freier Schöpfung das Bild der Schwanhild gezeichnet, eine andre Gudrun neben der Rächerin Krimhild.

Svanhild wird vermählt und von Rossen zu Tode getreten

Jörmunrek[1] war ein König geheißen, der war ein mächtiger König in jener Zeit; sein Sohn hieß Randver. Eines Tages rief der König seinen Sohn zur Unterredung und sagte: »Du sollst eine Gesandtschaftsreise für mich antreten zu König Jonakr und mit dir mein Ratgeber Bikki: dort wird Svanhild aufgezogen, die Tochter des Drachentöters Sigurd, die ich die schönste Maid weiß unter der Sonne – sie möchte ich am liebsten zur Frau haben, und um sie sollst du für mich werben.« Bikki antwortete: »Geziemend ist es, Herr, daß ich die Gesandtschaftsreise für euch unternehme.« Da ließ König Jörmunrek ihre Fahrt würdig ausrüsten.

Sie machten sich also auf die Fahrt, bis sie zu König Jonakr kamen, und sahen Svanhild – ihre Schönheit schien ihnen groß zu sein. Randver ersuchte den König um eine Unterredung und sprach: »König Jörmunrek will euch seine Schwagerschaft anbieten: er hat von Svanhild gehört und will sie zu seiner Frau kiesen; es ist unwahrscheinlich, daß sie einem mächtigeren Manne vermählt werden könne, als er ist.« Der König sagte, das wäre eine würdige Heirat, »und er ist hochberühmt«. Gudrun sprach: »Unbeständig ist das Glück, ihm ist nicht zu trauen, daß es nicht verlorengeht.« Aber durch das Zureden des Königs und durch alles das, was damit in Verbindung stand, wurde diese Heirat beschlossen. Svanhild begab sich mit ansehnlichem Gefolge auf das Schiff und saß auf dem Hinterdeck neben dem Sohne des Königs. Da sprach Bikki zu Randver: »Billig wäre es, daß ihr eine so schöne Frau hättet, und nicht ein so alter Mann.« Ihm gefiel das wohl in seinem Sinn[2]: er sprach zu ihr mit Freundlichkeit, und jedes zum andern. So kamen sie heim und begaben sich zu König Jörmunrek.

Da sagte Bikki heimlich zum Könige: »Es geziemt sich, Herr, zu wissen, was im Werke ist, wenn es auch gefährlich ist, es zu of-

---

[1] Jörmunrek ist der Gotenkönig Ermanarich († um 376) der deutschen Sage. [2] Das uralte Motiv der Liebe zwischen Stiefmutter und Stiefsohn klingt hier in der Heldensage von Svanhild und Randver an.

fenbaren – es handelt sich um den Verrat deines Sohnes: er hat die volle Liebe Svanhilds genossen, sie ist seine Geliebte – laß solches nicht ungestraft!« Manchen bösen Ratschlag hatte er zuvor gegeben, obwohl dies der schlimmste war unter seinen bösen Ratschlägen. Der König folgte seinen vielen bösen Ratschlägen; er befahl und vermochte sich im Zorn nicht zu mäßigen, man solle Randver ergreifen und an den Galgen knüpfen. Als er zum Galgen geführt wurde, da nahm er einen Habicht, rupfte ihm alle Federn aus und sagte, daß man ihn seinem Vater zeigen solle. Als der König ihn erblickte, sprach er: »Damit will er mir sagen, daß ich ihm ebenso aller Ehre beraubt erscheine«, und er gebot, ihn vom Galgen herabzunehmen. Bikki aber hatte unterdessen die Hinrichtung Randvers ins Werk gesetzt, und er war schon tot. Bikki sprach abermals zu Jörmunrek: »Keinem mußt du mehr zürnen als Svanhild – laß sie eines schmachvollen Todes sterben!« Der König antwortete: »Dem Rate wollen wir folgen.« Da ward sie im Burgtor gebunden, und Rosse wurden auf sie getrieben. Aber als sie ihre Augen aufschlug, da wagten die Rosse nicht, sie zu treten. Als Bikki das sah, gebot er, ihr einen Sack über den Kopf zu ziehen. So geschah es, und da erst fand sie den Tod.

Gudrun treibt ihre Söhne an, Svanhild zu rächen

Als Gudrun den Tod Svanhilds erfuhr, sprach sie zu ihren Söhnen: »Wie könnt ihr so ruhig dasitzen und Scherzworte reden, obwohl Jörmunrek eure Schwester getötet und schmachvoll unter Rosseshufen hat zertreten lassen? Nicht habt ihr die gleiche Sinnesart wie Gunnar und Högni: die würden ihre Blutsverwandte rächen.« Hamdir antwortete: »Wenig hast du Gunnar und Högni gelobt, als sie Sigurd erschlugen und du von seinem Blute gerötet warst, und übel war deine Bruderrache, als du deine Söhne tötetest – besser hätten wir alle zusammen König Jörmunrek erschlagen können. Aber den Vorwurf der Feigheit wollen wir nicht auf uns sitzen lassen, da wir so heftig gereizt sind.« Gudrun ging lachend fort und setzte ihnen zu trinken vor in großen Bechern. Darauf gab sie ihnen große und starke Brünnen und andre Waffenrüstung. Da sprach Hamdir: »Dies ist der letzte Abschied, den wir voneinander nehmen, und bald wirst du erfahren, was sich begeben hat – dann kannst du unser beider und Svanhilds Totenfeier begehen.« Darauf machten sie sich auf den Weg.

Gudrun aber ging in ihre Kammer harmerfüllt und sprach: »Drei Männern war ich vermählt: zuerst Sigurd dem Fafnirtöter – der ward verraten, und das war mir der größte Harm. Dann ward ich dem König Atli gegeben – aber so voll war mein Herz von Haß wider ihn, daß ich im Harm unsere Söhne erschlug. Danach ging ich in die See, allein durch hohe Wellen wurde ich erhoben und an Land getragen und diesem Könige vermählt. Dann sandte ich Svanhild mit großem Gute aus dem Lande fort zur Vermählung, und das ist mir das schmerzlichste meiner Leiden nach Sigurds Tode, daß sie unter Rosseshufen zertreten ward. Am meisten aber hat mich erbittert, daß Gunnar in einen Schlangenzwinger gesetzt ward; doch das härteste ist, daß Högni das Herz aufgeschnitten ward. Am besten wäre es, wenn Sigurd mir entgegen käme und mich mit sich nähme. Ich habe nun weder Sohn noch Tochter, mich zu trösten. So gedenke nun, Sigurd, an das, was wir redeten, da wir ein Bett bestiegen, daß du kommen wolltest zu mir von Hel und mich holen.« So endete Gudruns Klage.

Von Gudruns Söhnen

Von Gudruns Söhnen ist nun zu erzählen, daß sie ihre Rüstungen so gefeit hatte, daß kein Eisen sie verletzen konnte; doch hatte sie sie davor gewarnt, Steinen oder andern großen Dingen Schaden zuzufügen: das würde ihnen sonst zum Verderben gedeihen, wenn sie nicht also täten.

Als sie sich auf den Weg gemacht hatten, trafen sie ihren Bruder Erp[1] und fragten ihn, was er ihnen helfen würde. Er antwortete:

---

[1] Erp war eigentlich ihr Stiefbruder, stammt von Jonakr und einer Kebse; ursprünglich war er wohl Gudruns rechter Sohn, die andern aber Stiefsöhne.

»Soviel wie eine Hand der andern oder ein Fuß dem andern.« Das dünkte sie nichts zu sein, und sie erschlugen ihn.

Darauf zogen sie weiter ihres Wegs, und es währte nicht lange, da strauchelte Hamdir, streckte die Hand nach unten[1] und sprach: »Erp wird wahr gesagt haben. Ich würde nun fallen, wenn ich mich nicht auf die Hände stützte.« Bald darauf strauchelte auch Sörli, stützte sich aber auf den Fuß, konnte sich so aufrecht halten und sagte: »Fallen würde ich jetzt, wenn ich mich nicht auf beide Füße stützte.« Da gestanden sie sich, übel an ihrem Bruder Erp gehandelt zu haben.

Sie setzten ihre Reise fort, bis sie zu König Jörmunrek kamen, gingen hinein zu ihm und fielen sogleich über ihn her. Hamdir hieb ihm beide Hände ab, Sörli aber beide Füße. Da rief Hamdir: »Abgeschlagen würde jetzt das Haupt sein, wenn Erp lebte, unser Bruder, den wir auf dem Wege erschlagen haben – zu spät sahen wir das ein«; wie es im Liede heißt:

30 Ab wär' das Haupt jetzt,
   Wenn Erp lebte,
   Unser tapfrer Bruder,
   Den wir beide getötet.

Darin hatten sie auch das Gebot ihrer Mutter außer acht gelassen, daß sie Steine beschädigt hatten[2].

Da drangen die Männer auf sie ein, sie aber wehrten sich wohl und mutig und fügten manchem Manne Schaden zu – sie selbst aber verletzte kein Eisen. Da kam ein Mann hinzu, hochgewachsen und alt, mit einem Auge[3], der sprach: »Ihr seid nicht weise Männer, wenn ihr diese Männer nicht töten könnt.« Der König erwiderte: »Gib uns denn Rat dazu, wenn du kannst!« Jener rief: »Werft sie doch mit Steinen tot!« Und so geschah es: von allen Himmelsgegenden flogen Steine auf sie, und das brachte ihnen den Tod.

---

[1] Um sich auf sie zu stützen. [2] Sie hatten die Steine mit dem Blut ihres Bruders besudelt. [3] Es ist wieder Odin.

Die Geschichte von Ragnar Lodbrok

Die Jugendgeschichte Aslaugs, der Tochter Sigurds und Brynhilds

Heimir in Hlymdalir vernahm, daß Sigurd und Brynhild tot wären; Aslaug aber, ihre Tochter und Heimirs Pflegekind, war damals drei Winter alt. Er vermutete, daß man nach dem Mädchen forschen würde, um sie zu töten und so ihr Geschlecht auszurotten. Er trauerte so sehr um seine Pflegetochter Brynhild, daß er sein Reich und sein Gut darüber vergaß. Er sah ein, daß er das Mädchen nicht verbergen konnte. Daher ließ er eine Harfe machen, so groß, daß er das Mädchen Aslaug hineinlegen konnte nebst manchen Kleinoden an Gold und Silber, ging dann weg, weit durch die Lande, und kam endlich hierher in die Nordlande. Seine Harfe war so kunstvoll gemacht, daß man sie auseinandernehmen und nach den Fugen wieder zusammensetzen konnte; er pflegte am Tag, wenn er in die Nähe von Flußläufen kam, aber von menschlichen Wohnungen entfernt war, die Harfe auseinanderzunehmen und das Mädchen zu waschen. Er hatte nur Weinlauch und gab ihr den zu essen. Aber das ist die Eigenschaft dieses Lauchs, daß man lange leben kann, wenn man auch keine andre Speise hat. Wenn das Mädchen weinte, schlug er die Harfe, und sie verstummte dann; denn Heimir war wohl mit den Künsten ausgerüstet, die damals üblich waren. Er hatte auch viele kostbare Kleider bei ihr in der Harfe verwahrt und viel Gold.

So zog er seine Straße, bis er nach Norwegen gelangte und zu einem kleinen Gehöft kam, daß »zur Spangarheide« heißt. Da wohnte ein alter Mann namens Aki; er hatte eine Frau, die Grima hieß – außer den beiden wohnte niemand dort. An diesem Tage war der Alte in den Wald gegangen, aber die Alte war daheim. Sie begrüßte Heimir und fragte, was für ein Mann er wäre. Er antwortete, er wäre ein Bettler und bat die Alte um Herberge. Sie sagte, daß nur wenige zu ihnen kämen, daß sie ihn wohl aufnehmen wollte, wenn er dableiben wolle. Nach einer Weile äußerte er, das Beste, das man ihm gewähren könnte, wäre ein Feuer vor ihm anzuzünden und ihn dann zu dem Schlafhaus zu führen, wo er ruhen sollte. Nachdem die Alte das Feuer angezündet hatte, setzte er die Harfe auf den Sitz neben sich. Die Alte war sehr geschwätzig; sie blickte oft unwillkürlich nach der Harfe, weil Fransen von einem kostbaren Kleid aus der Harfe hervorkamen. Als sich Heimir am Feuer wärmte, sah sie einen prächtigen Goldring unter seinen Lumpen hervorschimmern – denn er war ärmlich angezogen. Und als er sich gewärmt hatte, wie er es begehrt hatte, da nahm er das Nachtmahl, und dann bat er die Alte, ihn dahin zu führen, wo er die Nacht schlafen sollte. Die Alte sagte, daß es draußen für ihn besser sein würde als drinnen: »Denn mein Alter und ich haben uns oft noch viel zu erzählen, wenn er heimkommt.« Er meinte, darüber habe sie zu bestimmen und ging hinaus, sie tat desgleichen; er nahm die Harfe und trug sie mit sich. Die Alte ging also hinaus, begab sich dahin, wo eine Kornscheune war, und führte ihn hinein. Sie sagte, er solle es sich dort bequem machen – sie glaube, er werde dort einen guten Schlaf tun. Dann ging die Alte hinweg und besorgte ihre Arbeiten; er aber legte sich schlafen.

Der Alte kam heim, als der Abend zu Ende ging. Die Alte hatte nur wenig von ihren Arbeiten verrichtet; er aber war müde, als er heimkam, und es war schwer, mit ihm zurecht zu kommen, weil alles ungetan war, was sie hätte besorgen sollen. Der Alte sagte, groß sei der Unterschied ihrer Lage: er arbeite jeden Tag mehr, als er vermöchte, sie aber wolle ihnen zu nichts verhelfen. »Sei nicht böse, mein Alter«, sagte sie, »denn vielleicht kannst du in kurzer Zeit erreichen, daß wir beide all unsre Lebtage glücklich sind.« »Was heißt das?« fragte der Mann. Die Alte antwortete: »Hier ist ein Mann in unser Haus gekommen, und ich glaube, daß er großes Gut mit sich führt. Er ist schon bejahrt, muß aber ein gewaltiger Streiter gewesen sein. Doch ist er jetzt sehr müde; ich glaube kaum seinesgleichen gesehen zu haben, doch halte ich ihn jetzt für müde und schläfrig.« Da sagte der Alte: »Es scheint mir nicht geraten, die wenigen Leute zu betrügen, die zu uns kommen.« Sie antwortete: »Du wirst es nie zu etwas bringen, wenn alles bei dir große, furchterregende Gestalt annimmt. Tu eins von beiden: entweder töte ihn, oder ich nehme ihn zum

Mann und wir beide werden dich fortjagen. Ich könnte dir erzählen, was er mir gestern Abend gesagt hat – aber wenig bedeutend wird es dir scheinen; er suchte mich zu verführen, und das ist gewiß, daß, wenn du nicht tust, was ich will, so nehme ich ihn zum Mann und jage dich fort oder töte dich.« Es wird erzählt, daß der Alte unter dem Pantoffel stand, und sie sprach so lange davon, bis er nach ihrer Aufreizung handelte, seine Axt nahm und sie scharf wetzte. Als er fertig war, geleitete ihn das Weib dahin, wo Heimir schlief, und er schnarchte laut. Da sagte die Alte zu dem Alten, er solle so heftig wie möglich angreifen »und dann lauf eilend davon, denn du kannst sein Rufen und Schreien nicht mit anhören, wenn er dich mit Händen ergreift«. Sie ergriff die Harfe und eilte damit fort. Nun ging der Bauer dahin, wo Heimir schlief; er hieb nach ihm, das ward eine große Wunde, und die Axt entglitt ihm. Er lief alsbald hinweg, so schnell, wie er konnte. Heimir erwachte von der Verwundung und hatte genug. Es wird erzählt, daß bei seinem Todeskampf so großer Lärm erscholl, daß die Balken des Hauses barsten, das ganze Haus einfiel und ein großes Erdbeben entstand. So endete Heimir sein Leben. Nun kam der Bauer dahin, wo die Alte war, und sagte, er hätte ihn erschlagen: »Aber eine Zeitlang wußte ich nicht, wie es enden würde: Dieser Mann war erstaunlich stark; doch glaube ich, daß er jetzt bei Hel ist.« Das Weib erwiderte, er solle Dank haben für diese Tat: »Ich denke, daß wir jetzt reichlich Geld haben, und wir wollen sehen, ob ich wahr geredet habe.«

Da zündeten sie ein Feuer an; die Alte aber nahm die Harfe und wollte sie aufmachen, konnte es aber nicht anders, als indem sie sie zerbrach – denn sie war zu ungeschickt. Sie bekam sie also auf: Da sah sie ein Mädchen, daß sie glaubte, nie ein solches gesehen zu haben; doch war auch reiches Gut in der Harfe. Da sprach der Alte: »Es wird nun geschehen, wie oft, daß es übel ausfällt, den zu betrügen, der einem vertraut – ich glaube, ein unmündiges Kind ist uns in die Hände gefallen.« Die Alte antwortete: »Es ist nicht so gegangen, wie ich erwartet hatte – doch brauchen wir uns keine Vorwürfe darüber zu machen.«

Nun fragte sie, welches Stammes sie wäre. Aber das junge Mädchen antwortete nichts, wie wenn sie noch nicht sprechen gelernt hätte. »Nun läuft, wie mir ahnte, unser Anschlag übel«, sagte der Alte, »wir haben eine große Torheit begangen – wie sollen wir dieses Kind nennen?« Die Bäuerin antwortete: »Das ist leicht zu wissen – sie soll nach meiner Mutter Kraka heißen.« Da sprach der Alte: »Wie sollen wir für das Kind sorgen?« Die Alte erwiderte: »Ich sehe guten Rat dafür: Wir wollen sagen, sie sei unsre Tochter, und sie aufziehen.« – »Das wird keiner glauben«, sagt der Bauer, »dieses Kind ist weit anmutiger als wir, denn wir sind beide sehr häßlich, es scheint unwahrscheinlich zu sein, daß wir ein solches Kind zu eigen haben, absonderlich wie wir beide sind.« Die Alte entgegnete: »Du weißt nicht, ob ich nicht listigen Rat schaffen kann, daß es nicht so unglaublich aussieht. Ich werde sie kahl scheren lassen und mit Teer und anderm einreiben, was am meisten hoffen läßt, daß kein Haar hervorkomme; sie soll einen lang herabhängenden Hut haben und nicht gut gekleidet sein – dann wird sie uns ähnlich werden. Kann sein, daß die Leute glauben, ich sei einmal sehr schön gewesen in meinen jungen Jahren. Sie soll auch die niedrige Arbeit verrichten.« Der Alte und die Alte wähnten, daß Aslaug nicht sprechen könnte, da sie ihnen niemals antwortete.
Es geschah, was die Alte sich ausgedacht hatte – das Mädchen wuchs in großer Armut dort auf.

Thoras Lindwurm

Herrud hieß ein mächtiger und berühmter Jarl in Gautland; er war verheiratet und hatte eine Tochter, die hieß Thora: Sie war von Aussehen die schönste aller Jungfrauen, von feinster höfischer Sitte in jeder Beziehung und wohlgeübt in allerlei Handarbeiten, die ganz nützlich sind, und die man ungern entbehrt. Der Beiname, den man ihr gab, war Borgarhjört, d. h. Hirsch der Burg, Hindin in der Burg, denn sie übertraf an Schönheit ebenso alle anderen Frauen, wie die Hindin die andern Tiere. Der Jarl liebte seine Tochter sehr: Er ließ ihr ein kleines, für sich stehendes Wohnhaus bauen, nahe bei der Königshalle, und um dieses Gemach war ein Holzzaun. Der Jarl pflegte seiner Tochter jeden Tag etwas zur Unterhaltung zu schicken und sagte, das würde er immer tun. Es wird erzählt, daß er ihr eines Tages einen kleinen Lindwurm bringen ließ, der war ungewöhnlich schön. Dieser Wurm gefiel ihr; sie setzte ihn in ihre Truhe von Eschenholz und legte Gold unter ihn. Nicht lange lag er darin, da wuchs er mächtig, und ebenso das Gold unter ihm; bald hatte er schon nicht mehr Platz in der Truhe, sondern ringelte sich draußen rund um sie herum. Zuletzt kam es soweit, daß er nicht mehr Platz in der Stube hatte, und wie der Wurm an Größe zunahm, so wuchs auch das Gold unter ihm. Nun lag er draußen um das Wohnhaus herum, so daß Kopf und Schwanz sich berührten. Es war gefährlich, sich ihm zu nähern, und keiner wagte dieses Wurmes wegen in das Haus zu gehen, außer dem Mann, der ihm zu fressen brachte – einen ganzen Ochsen brachte er zu seiner Mahlzeit. Der Jarl hielt das für einen großen Schaden und gelobte feierlich, dem Mann, wer er auch sei, seine Tochter zu geben, der den Wurm erschlüge – das Gold, das unter ihm läge, sollte ihre Mitgift sein. Diese Kunde vernahm man weit durch alle Lande, aber keiner wagte sich in einen Kampf mit dem großen Wurm einzulassen.

Ragnar Lodbroks Drachenkampf

Zu der Zeit herrschte Sigurd Hring über Dänemark. Er war ein mächtiger König und ist berühmt geworden durch die Schlacht, in der er gegen Harald Kampfzahn auf der Brovallaheide kämpfte und in der Harald vor ihm fiel, wie bekannt geworden ist über die ganze Nordhälfte der Welt.
Sigurd hatte einen Sohn, der Ragnar hieß, der war groß von Wuchs, schön von Aussehen und wohlbegabt mit Verstand, hochgesinnt gegen seine Leute, aber grimmig gegen seine Feinde. Sobald er alt genug war, verschaffte er sich Gefolge und Kriegs-

schiffe und wurde der gewaltigste Kriegsmann, so daß es kaum noch seinesgleichen gab. Er hörte, was der Jarl Herrud gelobt hatte, tat aber so, als ob er sich darum nicht kümmerte, ja als ob er es gar nicht wüßte. Er ließ sich Kleider von seltsamer Art machen: eine Kniehose und einen Mantel von Loden; als sie fertig waren, ließ er sie in Pech sieden; darauf härtete er sie. Eines Sommers segelte Ragnar mit seiner Flotte nach Gautland; er legte sein Schiff in eine versteckte Bucht, nicht weit davon, wo der Jarl herrschte. Als er dort eine Nacht gewesen war, wachte er früh am Morgen auf, erhob sich, zog sich die früher erwähnte Rüstung an und nahm einen großen Spieß in seine Hand. Er ging allein fort von den Schiffen zu dem sandigen Strand und wälzte sich dort im Sand. Bevor er wegging, zog er den Speernagel aus seinem Spieß, schritt dann allein von den Schiffen auf das Tor der Burg des Jarl zu und kam so zeitig am Tag dahin, daß alle Leute noch schliefen. Da wandte er sich nach dem kleinen, abseits gelegenen Wohnhause Thoras, und als er an den Hofzaun kam, wo der Wurm lag, stach er mit seinem Spieß nach ihm und riß den Spieß wieder an sich. Er stach zum zweiten Mal nach ihm, und dieser Stoß traf den Rücken des Wurms. Der wand sich dabei so gewaltig, daß die Spitze vom Schaft losging: Ein so großes Getöse entstand bei seinem Todeskampf, daß das ganze Haus erbebte. Darauf drehte Ragnar sich um und ging weg: Da traf ihn ein Blutstrahl zwischen den Schultern, aber die Kleidung, die er sich hatte machen lassen, schützte ihn so, daß er keinen Schaden davon bekam. Aber die in dem Gemach waren, erwachten von dem Lärm und stürzten hinaus. Da sah Thora einen großen Mann von dem Hause fortgehen und fragte ihn nach dem Namen und zu wem er wolle. Er blieb stehen und sprach diese Strophe:

> Ich wagt allein um Lob
> Mein Leben, holde Jungfrau!
> War erst fünfzehn[1] Winter,
> Als den Wurm ich angriff.

[1] Ragnar ist gerade mündig geworden: in Norwegen wurde man es mit 15, auf Island mit 16 Jahren.

> Tapfer trag den Tod ich,
> Trifft er mich auch plötzlich;
> Der Heidelachs[1] dringt nicht ins Herz mir,
> Hat's das Geschick nicht beschlossen.

Da ging er fort und sprach nicht mehr zu ihr. Die Spitze ließ er in der Wunde stehen, den Schaft aber nahm er mit.
Als sie diese Strophe gehört hatte, verstand sie, was er von seiner Tat sagte, und wie alt er war; sie überlegte bei sich, wer er wohl sein möchte, wußte aber nicht recht, ob er vom Geschlecht der Menschen wäre oder nicht, denn sein Wuchs kam ihr im Verhältnis zu seinem Alter so groß vor, wie die Sage die Ungeheuer schildert. Sie legte sich wieder schlafen.
Als die Leute am Morgen hinauskamen, wurden sie gewahr, daß der Wurm tot war; er war mit einem großen Spieß erstochen, der noch fest in der Wunde stak. Da ließ der Jarl ihn herausnehmen, und er war so groß, daß ihn wenige schwingen konnten. Da erinnerte sich der Jarl daran, was er dem Mann verheißen hatte, der den Wurm erschlüge, aber er war sich nicht recht klar, ob ein Mensch dies getan hätte oder nicht. Er beriet sich deshalb mit seinen Freunden und mit seiner Tochter, wie er das erforschen könnte, und man hielt es für das Wahrscheinlichste, daß der, der diese Tat vollbracht hätte, schon von selbst versuchen würde, seinen Lohn zu erhalten. Thoras Rat war, eine Versammlung zu berufen, so zahlreich wie möglich, »laß dann sagen, daß dahin alle Männer kommen sollen, die sich nicht den Zorn des Jarl zuziehen wollen und auf irgendeine Weise noch eine Versammlung besuchen können. Und wenn irgend einer da ist, der sich zu dieser Todeswunde bekennt, der soll den Speerschaft mitbringen, der in der Spitze gesessen hat.« Dieser Rat schien dem Jarl gut, und er ließ darauf eine Versammlung berufen. Als der Tag kam, an dem die Versammlung stattfinden sollte, kamen der Jarl und viele andre Häuptlinge, so daß es eine recht zahlreiche Versammlung war.

---

[1] Der in Ringeln gerollte Heidelachs ist die Schlange.

Ragnars und Thoras Vermählung

Auf Ragnars Schiffen vernahm man, daß nicht weit davon eine Versammlung stattfinden sollte; da begab sich Ragnar mit fast seinem ganzen Heer zu ihr hin. Als sie dort angekommen waren, nahmen sie Platz, etwas gesondert von den andern Männern; denn Ragnar sah, daß sich dort eine weit größere Volksmenge als gewöhnlich versammelt hatte.

Da stand der Jarl auf, verlangte Gehör und redete. Er dankte den Leuten dafür, daß sie seiner Botschaft so willig gefolgt wären und erzählte darauf die Begebenheit, die sich ereignet hatte. Zuerst berichtete er von dem Versprechen, das er dem Manne gegeben hatte, der den Wurm erschlüge; sodann, daß der Wurm jetzt tot sei, und daß der, der diese Heldentat vollbracht habe, die Speerspitze in der Wunde habe stecken lassen; »wenn jemand in diese Versammlung gekommen ist«, fügte er hinzu, »der den Schaft hat, der zu dieser Spitze paßt, der weise ihn vor und bezeuge auf diese Weise seine Aussage – so will ich tun, was ich versprochen habe, mag er von höherer oder von niedriger Herkunft sein.« Er schloß seine Rede damit, daß er den Spieß vor jedermann tragen ließ, der in der Versammlung war, und gebot, ihm zu melden, wer der wäre, der Anspruch auf diese Heldentat erhöbe oder den Schaft hätte, der zu ihm paßte. So geschah es; aber keiner fand sich, der den Schaft hatte. So kam man auch dahin, wo Ragnar saß, und zeigte ihm den Spieß. Er behauptete, daß der Spieß ihm gehöre, und Spitze und Schaft paßten zueinander. Da erkannte man, daß er den Wurm erschlagen hätte. Von dieser Heldentat wurde er hochberühmt in allen Nordlanden.

Er warb darauf um Thora, die Tochter des Jarls; der Jarl nahm seine Werbung freundlich auf und vermählte sie ihm: Da wurden die Vorbereitungen zu einer großen Hochzeitsfeier getroffen mit den besten Vorräten, die sich im Reich fanden. So hielt Ragnar Hochzeit.

Als die Feier vorüber war, fuhr Ragnar in sein Reich und herrschte dort. Er liebte Thora sehr. Sie hatten zwei Söhne: der älteste hieß Eirek, der jüngere aber Agnar. Sie waren groß von

Wuchs und schön von Aussehen, übertrafen an Stärke die meisten andern Männer ihrer Zeit und lernten allerlei Kunstfertigkeiten.
Es geschah einmal, daß Thora sich krank fühlte, und sie starb an dieser Krankheit. Das ging Ragnar so zu Herzen, daß er keine Lust hatte, weiter zu herrschen; sondern er setzte andere Männer ein, die zusammen mit seinen Söhnen das Reich regieren sollten. Er selbst nahm seine alte Beschäftigung wieder auf und begab sich auf Heerfahrten – wo immer er fuhr, erfocht er den Sieg.

Ragnar findet Kraka-Aslaug

Da geschah es eines Sommers, daß er mit seinen Schiffen nach Norwegen fuhr, denn er hatte dort viele Verwandte und Freunde und wollte sie besuchen. Er kam mit seinen Schiffen am Abend in einen kleinen Hafen, dicht dabei war ein Hof, der »Zur Spangarheide« hieß; in dem Hafen lagen sie während der Nacht.
Als der Morgen kam, mußten die Köche an Land gehen, Brot zu backen. Da sahen sie, daß ein Gehöft nicht weit von ihnen stand, und es kam ihnen bequemer vor, in das Haus zu gehen, um dort ihre Arbeit zu verrichten. Und als sie zu diesem kleinen Hof kamen, da trafen sie eine alte Frau und fragten sie, ob sie die Hausfrau wäre, und wie sie hieße. Sie wäre die Hausfrau, »und mein Name ist ungewöhnlich, ich heiße Grima – aber wer seid ihr?« Sie sagten, sie wären Dienstleute Ragnar Lodbroks und wollten ihre Arbeit verrichten, »wir wünschen, daß du uns dabei hilfst«. Die Alte entgegnete, ihre Hände wären zu steif dazu, »doch hat es einmal eine Zeit gegeben, wo ich flink bei der Arbeit war – übrigens habe ich eine Tochter, die euch dabei helfen kann, sie muß bald heimkommen. Sie heißt Kraka – aber es ist so weit mit ihr gekommen, daß sie kaum meinen Befehlen folgen will.«
Kraka war am Morgen ausgegangen, um die Schafe zu hüten und sah, daß viele große Schiffe ans Land gekommen waren. Da begann sie sich zu waschen – die Alte aber hatte es ihr verboten, denn sie wollte nicht, daß man ihre Schönheit sähe; sie war

nämlich die schönste aller Frauen, und ihr Haar war so lang, daß es bis auf die Erde herabfiel, und glänzend wie die kostbarste Seide. Nunmehr kam Kraka nach Hause. Die Köche hatten Feuer gemacht, und Kraka sah, daß Männer gekommen waren, die sie niemals vorher gesehen hatte. Sie betrachtete die Männer und ebenso die Männer sie selbst und fragten dann Grima: »Ist dies deine Tochter, dies schöne Mädchen?« – »Das ist nicht gelogen«, erwiderte Grima, »es ist meine Tochter.« – »Merkwürdig ungleich seid ihr da einander«, sagten jene, »so häßlich wie du bist – wir haben niemals ein so hübsches Mädchen gesehen, und nicht die entfernteste Ähnlichkeit mit dir finden wir bei ihr, denn du siehst ziemlich schaurig aus.« Grima antwortete: »Man kann es mir freilich nicht mehr ansehen: Mein Aussehen, wie es ehedem gewesen, ist dahin.«
Hierauf verabredeten sie, daß ihnen Kraka helfen sollte. Sie sagte: »Was soll ich tun?« Sie baten sie, den Teig zu kneten, sie selbst aber würden das Brot backen. Da machte sie sich an ihre Arbeit, und sie ging ihr flott von der Hand; jene aber richteten ihre Augen immer nur auf das Mädchen, so daß sie bei ihrer Arbeit nicht aufpaßten und das Brot verbrannten.

Nachdem sie ihr Werk vollendet hatten, gingen sie zu den Schiffen zurück. Aber als sie das Essen hervorholten, sagten alle, daß sie nie so schlecht ihre Arbeit verrichtet hätten und dafür Strafe verdienten. Da fragte Ragnar, wie es käme, daß sie so schlechtes Brot gebacken hätten. Sie sagten, sie hätten ein so schönes Mädchen gesehen, daß sie bei ihrer Arbeit nicht hätten aufpassen können, und meinten, daß es auf der ganzen Welt kein schöneres gäbe. Als sie so viel Aufhebens von ihrer Schönheit machten, sagte Ragnar, er wisse, sie werde nicht so schön sein, wie Thora gewesen sei. Sie meinten, sie gebe Thora nichts an Schönheit nach. Da sprach Ragnar: »So will ich Männer hinsenden, die das beurteilen können: Wenn es so steht, wie ihr sagt, so soll dieser Mangel an Achtsamkeit euch vergeben werden; wenn aber das Mädchen in irgendeiner Beziehung nicht so schön ist, wie ihr rühmt, so werdet ihr euch große Strafe zuziehen.«
Er schickte einige seiner Männer zu dem schönen Mädchen, aber

ein starker Gegenwind hinderte sie, noch an diesem Tage zu fahren. Da sprach Ragnar zu seinen Boten: »Wenn dieses junge Mädchen euch so schön erscheint, wie man mir berichtet hat, so bittet sie, zu mir zu kommen – denn ich will sie dann treffen und will, daß sie mein werde. Ich will aber, daß sie weder bekleidet noch unbekleidet komme, weder gespeist noch ungespeist; auch soll sie nicht allein kommen, und doch soll kein Mensch sie begleiten.«

Darauf machten sie sich auf den Weg, bis sie nach dem Hause kamen; sie betrachteten Kraka aufmerksam und fanden sie so schön, daß sie keine andre Jungfrau gleich schön wähnten. Sie verkündeten ihr die Botschaft ihres Herrn und ebenfalls, wie sie ausgerüstet sein sollte.

Kraka überlegte, was der König gesagt hatte, und wie sie sich ausrüsten sollte. Aber Grima hielt das für unmöglich und war fest davon überzeugt, daß er nicht recht bei Trost wäre. Kraka sprach: »Er hätte es nicht gesagt, wenn es nicht möglich wäre – wir müssen nur zu verstehen suchen, worauf er hinaus will. Aber auf keinen Fall kann ich heute mit euch gehen[1], sondern ich werde morgen früh zu euren Schiffen kommen.« Hierauf kehrten sie zurück und meldeten Ragnar, wie es stünde: Sie würde zu ihm kommen.

Sie blieb die Nacht daheim. Aber am Morgen früh sagte sie zu dem Alten, sie wolle zu Ragnar gehen: »aber vorher muß ich mich anders anziehen: Du hast ein Fischnetz, mit dem du die Lachsforellen fängst, das will ich um mich wickeln, darüber lasse ich mein Haar fallen, so bin ich nirgends bloß. Dann will ich an einem Lauch schmecken: das ist wohl nur geringe Speise, gleichwohl kann man doch merken, daß ich etwas genossen habe. Endlich soll dein Hund mir folgen, so gehe ich nicht allein, und doch begleitet mich kein Mensch.« Als die Alte ihr Vorhaben hörte, fand sie, daß sie alles richtig getroffen hätte.

Als Kraka fertig war, ging sie ihres Weges, bis sie zu den Schiffen kam: Sie war schön anzusehen, und ihr Haar glänzte wie Gold.

---

[1] Denn dann wäre die dritte Bedingung nicht erfüllt.

Da rief Ragnar sie an und fragte, wer sie wäre und wen sie treffen wollte. Sie antwortete und sprach die Strophe:

> Folgsam dem Befehle
> Findest du mich, Ragnar;
> Ich erfüll des Fürsten[1]
> Forderung beim Kommen.
> Niemand naht mit mir dir[2],
> Nackt ist meine Haut nicht;
> Gut bin ich begleitet,
> Geh ich auch alleine.

Da sandte Ragnar ihr Männer entgegen, sie auf sein Schiff zu begleiten. Sie aber erklärte, sie würde nicht dahin gehen, es sei denn, der König gelobe ihr und ihrem Begleiter Sicherheit. Da wurde sie auf das Schiff des Königs geführt; und als sie in den sich an das Heck anschließenden Vorraum kam, streckte ihr der König seine Hand entgegen, aber der Hund biß ihn in die Hand. Seine Leute sprangen hinzu und schlugen den Hund; darauf knüpften sie einen Bogenstrang um seinen Hals und erwürgten ihn – besser als so war die Sicherheit nicht garantiert, die man ihr versprochen hatte. Darauf führte Ragnar sie auf das erhöhte Hinterdeck des Schiffes zu sich und unterhielt sich mit ihr: Sie gefiel ihm gut, er war zärtlich zu ihr und sprach die Strophe:

> Der die Heimat hütet[3],
> Hätt die milde[4] Jungfrau[5]
> Sicher fest umfangen
> Fand er Liebe bei ihr.[6]

---

[1] D. h. Deine, Ragnars.
[2] Es fällt auf, daß zwar die erste Bedingung in einer Zeile, die zweite »weder gespeist noch nüchtern« aber gar nicht, die dritte in drei Zeilen behandelt wird. Durch eine leichte Änderung: »Keine Speise war in meinem Munde« kann man auch Ragnars zweite Forderung leicht hineinbringen.
[3] Ich, Ragnar.
[4] = freigebige.
[5] Dich, Kraka.
[6] Dir, Kraka.

Sie sprach:

> Fürst, laß mich in Frieden
> Fahren von dir heimwärts,
> Halt, was du geheißen –
> Einen Herrn[1] besucht ich.

Ragnars und Krakas Hochzeit

Darauf sagte er, sie gefiele ihm wohl und müßte unbedingt mit ihm fahren. Das sei unmöglich, erklärte sie. Da kam er mit dem Wunsch, sie möchte die Nacht dort auf dem Schiff bleiben. Sie aber sagte, das dürfe nicht geschehen, bevor er von der Reise heimgekehrt sei, die er sich vorgenommen habe: »Vielleicht habt Ihr inzwischen euren Sinn geändert.«
Da rief Ragnar seinen Schatzmeister und befahl ihm, das goldgesäumte Gewand hervorzuholen, das Thora getragen hatte, und es ihm zu bringen. Dann bot er es Kraka dar mit folgenden Worten:

> Hier das Hemd empfange,
> Hell durchwirkt mit Silber,
> Thora Burghirsch trug es,
> Diese Tracht paßt gut dir.
> Ihre süßen Hände
> Strichen sanft darüber;
> Lieb' empfand ich für sie,
> Bis der Tod sie fortnahm.

Kraka antwortete:

> Darf das Hemd nicht haben,
> Hell durchwirkt mit Silber,

[1] Der sein Versprechen halten muß.

Das einst Thora trug –
Schlechte Tracht mir zukommt.
Kraka ist mein Name:
In kohlschwarzen Kleidern[1]
Streift' durch Stein und Sand ich,
Am Strande Ziegen hütend.

»Ich will wahrhaftig das Gewand nicht annehmen«, sagte sie, »ich will überhaupt keine prächtigen Kleider tragen, so lange ich bei dem Alten bin. Kann sein, daß ich euch besser gefalle, wenn ich mich besser kleide. Und jetzt will ich nach Hause gehen. Wenn du aber bei deiner Rückkehr noch desselben Sinnes bist und noch willst, daß ich mit dir fahre, so magst du Männer nach mir senden.« Ragnar erwiderte, sein Sinn würde sich nicht ändern. Sie ging heim; aber die Männer setzten ihre Fahrt fort, die sie sich vorgenommen hatten, sobald sie günstigen Wind bekamen, und Ragnar führte sein Vorhaben aus, das er beabsichtigt hatte. Als er zurückkam, landete er in demselben Hafen, wo er zuvor gewesen war, als Kraka zu ihm kam. Noch denselben Abend sandte er Männer zu ihr, um ihr im Namen des Königs zu gebieten, sie solle jetzt auf immer zu ihm kommen. Aber sie erklärte, sie könne erst am Morgen fortziehen.

Kraka stand früh auf, trat vor das Bett der beiden Alten und fragte, ob sie wachten. Sie bejahten es und fragten, was sie wolle. Sie aber sagte, sie wolle fort und nicht länger dableiben: »Ich weiß, daß ihr Heimir, meinen Pflegevater, erschlagen habt, und keinem Menschen hätte ich übler dafür zu lohnen als euch; weil ich jedoch so lange bei euch gewesen bin, will ich euch kein Leid antun lassen. Aber den Fluch spreche ich über euch aus, daß in den künftigen Tagen, die über euch kommen, der eine immer noch schlimmer sei als der andre, und am schlimmsten der letzte. Und jetzt wollen wir uns trennen.«

Darauf ging sie ihres Weges zu den Schiffen und wurde dort wohl aufgenommen. Sie bekamen günstigen Wind. Als man an diesem

---

[1] Kraka heißt Krähe.

Abend die Betten zurechtmachte, begehrte Ragnar, daß Kraka mit ihm das Lager teile. Sie antwortete, das könne nicht geschehen: »Sondern ich wünsche, daß du erst dann Brautlauf[1] mit mir trinkst, wenn du in dein Reich kommst – das dünkt mich recht für dich und unsere Erben, wenn wir welche bekommen.« Er gewährte ihr diese Bitte, und ihre Reise verlief glücklich. So kam Ragnar heim in sein Reich, und ein prächtiges Fest wurde für sie gerüstet, man trank ihm zu Ehren zugleich den Willkommenstrunk und den Brautlauf. Am ersten Abend, als sie das Lager teilten, wollte er bei ihr liegen, sie aber entzog sich ihm und sagte, es würde nicht gut ausgehen, wenn sie nicht ihren Willen hätte. Ragnar aber erwiderte, er glaube nicht recht daran; auch könnten der Alte und sein Weib nicht in die Zukunft sehen; er fragte, wie lange das dauern solle. Da sprach sie:

> Laß uns die drei Nächte
> Liegen, jeder allein,
> Aber doch vereinigt,
> Ohne den Göttern[2] zu opfern.
> Dann wird kein schwerer Schaden
> Beschieden meinem Sohne:
> Doch du willst vorschnell zeugen
> Das Kind, das keine Knochen hat.

Aber obwohl sie das sagte, achtete Ragnar doch nicht darauf, sondern setzte seinen Willen durch.

---

[1] Brautlauf trinken heißt »Hochzeit halten«, da die Bewirtung ein wesentlicher Teil der Feier war.
[2] Den überirdischen Mächten, die beim ehelichen Leben wirksam sind. Beim Eingehen einer Ehe wurde dem Gott der Fruchtbarkeit Freyr geopfert.

Ivar ohne Knochen

Die Zeit verging, und sie lebten gut und in großer Liebe zusammen; Kraka fühlte ihre Stunde nahen und gebar einen Sohn. Der Knabe wurde mit Wasser begossen, mit einem Namen bedacht und Ivar genannt. Aber dieser Knabe war knochenlos – wo Knochen sein sollten, waren nur Knorpel. Als er jung war, war er so groß, daß keiner ihm gleich war. Er war der allerschönste Jüngling und so verständig, daß man zweifeln kann, ob es einen klügeren als ihn gegeben hat.

Sie bekamen noch mehrere Kinder: Ihr zweiter Sohn hieß Björn, der dritte Hvitserk, der vierte Rögnvald; sie waren alle stattlich und kühn. Sobald sie alt genug waren, lernten sie allerlei Kunstfertigkeiten. Überall, wohin sie zogen, ließ Ivar sich auf Stangen tragen, weil er nicht gehen konnte, und er mußte ihnen Rat erteilen, was immer sie auch vornahmen.

Damals waren Ragnars erste Söhne, Eirek und Agnar, gewaltige Männer, so daß man kaum ihresgleichen fand. Jeden Sommer lagen sie draußen mit ihren Heerschiffen und waren berühmt durch ihre Kriegszüge. Eines Tages fragte Ivar seine Brüder Hvitserk und Björn, wie lange es so gehen sollte, daß sie daheim säßen und keinen Ruhm errängen. Sie antworteten, daß sie seinem Rat folgen würden in diesem Fall, wie in jedem andern. »So will ich«, sagte Ivar, »daß wir bitten, es mögen uns wohlbemannte Schiffe gegeben werden; dann wünsche ich, daß wir uns Reichtum und Ruhm erwerben, wenn es so vonstatten gehen will.«

Als sie dies untereinander verabredet hatten, teilten sie Ragnar ihren Wunsch mit, er möchte ihnen Schiffe geben mit einer Besatzung, die schon auf Kriegsfahrten erprobt und mit allem ausgerüstet wäre. Er tat, worum sie baten.

Als das Heer gerüstet war, segelten sie ab; aber überall, wo sie ein Treffen lieferten, siegten sie, und so vermehrten sie ihr Heer und ihr Gut.

Da sagte Ivar, er hielte es für richtiger, dahin zu ziehen, wo sie stärkere Feinde hätten, und so ihre Tapferkeit zu versuchen; da fragten sie, wo er meinte das finden zu können. Da nannte er eine Stadt, die hieß Hvitabör. Das war eine große Opferstätte, »und viele schon haben versucht, sie zu erobern, aber keiner hat bisher gesiegt. Auch Ragnar war dorthin gekommen, hat aber unverrichteter Dinge wieder abziehen müssen.« – »Ist denn da eine so große und tapfere Besatzung«, fragten jene, »oder gibt es dort andre Schwierigkeiten, die man überwinden muß?« Ivar antwortete, dort wäre beides, eine zahlreiche Volksmenge und eine große Opferstätte; das habe allen den Untergang bereitet, so daß keiner habe standhalten können. Da sagten sie, er sollte bestimmen, ob sie dorthin steuern sollten oder nicht. Er aber erklärte, er wolle den Versuch machen, ob ihre Tapferkeit stärker wäre oder die Opfer jenes Landes.

Rögnvalds Tod

Sie fuhren also dahin. Als sie das Land erreichten, rüsteten sie sich zum Landen; es schien ihnen aber nötig, daß eine kleine Mannschaft bei den Schiffen Wache hielt. Ihr Bruder Rögnvald aber war noch so jung, daß er einer so großen Probe der Tapferkeit, die sie wahrscheinlich hier erwartete, noch nicht gewachsen schien – so ließen sie ihn mit einem Teil der Mannschaft die Schiffe bewachen.
Aber bevor sie die Schiffe verließen, sagte Ivar, die Burgleute hätten zwei Rinder, junge Kühe: die jagten den Leuten einen so großen Schrecken ein, daß sie ihr Gebrüll und ihren Zauber nicht hätten aushalten können. Ivar fuhr fort: »Benehmt euch wie Männer, auch wenn einige von euch sich fürchten werden, denn anderes ist hier nicht zu tun.«
Sie stellten ihr Heer in Schlachtordnung auf. Als sie sich der Burg näherten, merkten es die Bewohner der Stadt und begannen sogleich die Rinder loszulassen, an die sie glaubten. Und als die Kühe losgelassen waren, stürzten sie mächtig vorwärts und brüllten entsetzlich. Das sah Ivar von dem Schild aus, auf dem er getragen wurde, und ließ sich einen Bogen geben: Es geschah so.

Da schoß er auf diese bösen Kühe, daß sie beide tot niederfielen. So war dieser Kampf, vor dem man sich am meisten gefürchtet hatte, erledigt.

Da nahm Rögnvald bei den Schiffen das Wort und sprach zu seiner Mannschaft, daß die Leute glücklich wären, die solche Kurzweil haben dürften, wie seine Brüder hätten: »nur deshalb sollte ich allein zurückbleiben, damit sie allein den Ruhm ernten könnten. Jetzt wollen wir alle zusammen an Land gehen.« Das taten sie. Als sie das Heer einholten, stürmte Rögnvald mutig vorwärts im Handgemenge – das Ende war, daß er fiel.

Die andern Brüder drangen in die Burg ein. Da hob der Kampf von neuem an und endete damit, daß die Burgleute die Flucht ergriffen; jene aber verfolgten die Fliehenden. Und als sie nach der Burg zurückkehrten, sprach Björn die Strophe:

> Im Gnipafjord erklang
> Kräftig unser Kampfruf,
> Unsre Schwerter schnitten
> Schärfer[1] – Wahrheit künd ich.
> Vor Hvitabörs Mauern konnte
> Jeder Männer morden.
> Spart nicht Spieß noch Schwert
> Im Speersturm[2], o ihr Krieger.

Als sie in die Burg zurückgekehrt waren, nahmen sie alle fahrende Habe, verbrannten alle Häuser, die in der Burg waren, brachen die ganzen Burgmauern nieder und fuhren dann mit ihren Schiffen davon.

---

[1] Als die der Feinde.
[2] Im Kampfe.

*Ragnar und Ingibjörg, König Eysteins Tochter. Aslaug
enthüllt ihre Abstammung. Sigurd »Wurm im Auge«*

Eystein hieß ein König, der über Schweden herrschte. Er war
verheiratet und hatte eine Tochter mit Namen Ingibjörg, die war
die lieblichste aller Jungfrauen und schön von Aussehen. König
Eystein war mächtig und reich an Volk, boshaft, aber doch ein
kluger Mann. Er hatte seinen Wohnsitz in Upsala und war ein
eifriger Opferer; zu Upsala war damals eine so große Opferstätte, daß es nicht ihresgleichen in den Nordlanden gab. Sie erwiesen große abergläubische Verehrung einer Kuh und nannten sie
Sibilja. Ihr wurde soviel geopfert, daß keiner ihrem Gebrüll
widerstehen konnte. Deshalb pflegte der König, wenn ein feindliches Heer zu erwarten war, diese Kuh der Schlachtordnung
vorangehen zu lassen. Sie besaß nämlich so große Teufelskraft,
daß die Feinde, sobald sie ihr Gebrüll hörten, so verwirrt
wurden, daß sie aufeinander losschlugen und sich selbst nicht in
acht nahmen. Deshalb war Schweden damals feindlichen Einfällen nicht ausgesetzt, weil niemand es wagte, gegen eine solche
Übermacht zu kämpfen.
König Eystein lebte in Freundschaft mit vielen Männern und
Häuptlingen. Es wird erzählt, daß damals auch gute Freundschaft zwischen Ragnar und König Eystein bestand, und sie
hatten die Gewohnheit, jeden Sommer einander abwechselnd
zum Gelage zu besuchen. Es begab sich, daß Ragnar Gast sein
sollte bei König Eystein, und als er nach Upsala kam, wurden er
und sein Gefolge wohl aufgenommen. Als sie am ersten Abend
tranken, ließ der König seine Tochter ihm selber und Ragnar
einschenken. Da redeten Ragnars Leute untereinander, daß es
das passendste wäre, Ragnar würbe um König Eysteins Tochter
und behielte nicht länger die Tochter der Alten. Einer von ihnen
übernahm es, ihm dies vorzuschlagen, und es endete damit, daß
ihm die Jungfrau versprochen wurde – doch sollte sie noch lange
Verlobte bleiben.
Als das Gelage zu Ende war, begab sich Ragnar auf die Heimreise, und die Fahrt verlief gut. Von seiner Reise wird nicht eher

etwas erzählt, als bis er dicht vor der Burg war, und sein Weg durch einen Wald führte. Als sie auf eine gerodete Stelle im Wald kamen, ließ Ragnar sein Heer halt machen, verlangte Gehör und von allen Männern, die an seiner Fahrt nach Schweden teilgenommen hatten, daß keiner von ihnen etwas von dem Beschluß verraten dürfte, den er über die Ehe mit König Eysteins Tochter gefaßt hatte. Er drohte strenge Strafe an, wenn einer sich fände, der es ausplauderte: Er würde ganz gewiß Leib und Leben riskieren.

Nachdem er so seinen Willen verkündet hatte, zog er heim auf seinen Hof. Die Leute freuten sich, ihn wiederzusehen und tranken ihm den Willkommenstrunk zu. Ragnar setzte sich in seinen Hochsitz, und es dauerte nicht lange, da kam Kraka zu ihm in die Halle. Sie setzte sich auf seine Knie, schlang ihre Arme um seinen Hals und fragte: »Was gibt es Neues?« Aber er sagte, er wüßte nichts zu erzählen.

Am Abend begannen die Männer zu trinken und gingen dann schlafen. Als Ragnar und Kraka zusammen im Bett lagen, fragte sie ihn wieder nach Neuigkeiten, er aber sagte nur wieder, er wüßte keine. Sie wollte noch mancherlei mit ihm plaudern, er aber sagte, er wäre sehr schläfrig und müde von der Reise. »So will ich dir Neuigkeiten erzählen«, sprach sie, »wenn du mir keine erzählen willst.« Er fragte, was das für welche wären. »Das nenne ich Neuigkeiten«, erwiderte sie, »wenn einem König ein Mädchen verlobt wird, und die Leute sagen doch, er habe schon eine Frau.« – »Wer hat dir das gesagt?« fragte Ragnar. »Behalten sollen deine Leute Leib und Glieder«, fuhr sie fort, »denn keiner von ihnen hat es mir gesagt. Aber ihr werdet gesehen haben, daß damals drei Vögel auf dem Baum neben euch saßen – die sagten mir die Nachricht. Aber das bitte ich dich, daß du nicht abreist, um diese Heirat zu vollziehen. Denn ich will dir jetzt erzählen, daß ich eines Königs, nicht eines armen Bauern Tochter bin: Mein Vater war ein so berühmter Mann, daß nicht seinesgleichen gefunden wurde, meine Mutter aber die schönste und weiseste aller Frauen, und ihr Name wird im dauernden Gedächtnis leben, so lange die Welt steht.«

Da fragte er, wer denn ihr Vater wäre, wenn sie nicht die Tochter des armen Bauern wäre, der auf Spangarheid wohnte. Sie eröffnete ihm nun, sie sei eine Tochter von Sigurd den Fafnirtöter und Brynhild, der Tochter Budlis. »Das finde ich ganz unwahrscheinlich«, sagte er, »daß die Tochter dieser beiden Kraka gerufen, und daß ihr Kind in solcher Armut, wie dort auf Spangarheid aufgewachsen sein sollte.« »Davon zeugt diese Geschichte«, erwiderte sie und erzählte nun alles, wie Sigurd und Brynhild auf dem Berg zusammengetroffen waren und sie gezeugt wurde, »als Brynhild mit mir niederkam, gab man mir einen Namen, und ich wurde Aslaug genannt.« Und dann erzählte sie alles, was geschehen war, seit sie zu dem Alten kam. Darauf erwiderte Ragnar: »Das, was du von Aslaug da erzählst, finde ich höchst seltsam.« Sie antwortete: »Du weißt, daß ich ein Kind unterm Herzen trage, und es wird ein Knabe sein. An diesem Knaben wird man das Zeichen finden, daß es scheint, als wenn eine Schlange (ein Wurm) um sein Auge liege. Geht dies in Erfüllung, so bitte ich dich, nicht nach Schweden zu ziehen, um dich mit König Eysteins Tochter zu vermählen; schlägt es aber fehl, so handle wie du willst. Ich wünsche, daß dieser Knabe nach meinem Vater genannt werde, wenn, wie ich hoffe, in seinem Auge dies Ehrenmal gefunden wird.« Ihre Stunde nahte, und sie kam mit einem Knaben nieder. Da nahmen die Mägde den Knaben und zeigten ihn ihr; sie befahl, ihn zu Ragnar zu tragen und ihm zu zeigen. So geschah es: Der neugeborene Sohn wurde in die Halle getragen und in Ragnars Mantelschoß gelegt. Als er das Kind betrachtete, fragte man ihn, wie es heißen sollte. Da sprach er die Strophe:

> Sigurd heiße der Knabe!
> Schlachten wird er schlagen.
> Gleicht der Mutter, gleicht auch
> Seinem glänzenden Vater.
> Der von Odin abstammt,
> überwindet Viele,
> Läßt sie nicht leben. Ein Wurm
> Liegt in seinem Auge.

Darauf zog er einen Goldring von der Hand und gab ihn dem Knaben zum Namensfest. Als er die Hand mit dem Ring ausstreckte, berührte sie den Rücken des Kindes; das deutete Ragnar so, daß er das Gold gering achten würde. Da sprach er die Strophe:

> Brynhilds hehrer Enkel
> hat ein scharfes Auge
> Und ein Herz voll Mut,
> Wie die Menschen merken.
> Frühreif wird des Wunden-
> feuers Wecker[1] hassen
> Rote Ringe[2], Budlis
> Sprößling[3] ragt ob allen.

Und weiter sprach er:

> Sicher ist bei keinem
> Knaben wie bei Sigurd
> In den Brauensteinen[4]
> Eine Schlange zu sehen.
> Dieser künftige Krieger
> hat des wilden Waldes
> Ring[5] im Liderhofe[6] –
> Leicht ist er dran kenntlich.

Darauf befahl er, den Knaben wieder hinaus in das Frauengemach zu tragen und unterließ seine Reise nach Schweden. Aslaugs Herkunft wurde jetzt allgemein bekannt: Jedermann wußte, daß sie die Tochter Sigurds des Drachentöters war und Brynhilds, der Tochter Budlis.

---

[1] Wundenfeuer = Schwert; dessen »Wecker« ist der Krieger, hier Sigurd.
[2] Gold oder Ringe gering achten oder hassen = sie freigebig verteilen.
[3] Sigurds Großmutter Brynhild ist Budlis Tochter, die Schwester Atlis.
[4] D. h. Auge.
[5] Der Ring des düsteren Waldes ist die Schlange.
[6] D. h. Auge.

König Eystein und die Ragnarssöhne

Als die für Ragnars Hochzeit in Upsala verabredete Zeit verstrichen war, er aber nicht kam, schien es König Eystein, daß ihm und seiner Tochter ein Schimpf widerfahren wäre, und die Freundschaft der Könige war damit gebrochen.

Als Ragnars Söhne Eirek und Agnar das vernahmen, verabredeten sie untereinander, ein möglichst großer Heer zu sammeln und in Schweden zu heeren. Sie zogen also ein großes Heer zusammen und rüsteten Schiffe aus. Man glaubte damals, daß es ein gutes Vorzeichen wäre, wenn es glückte, die Schiffe ins Meer zu schieben. Aber als Agnars Schiff von den Rollen ins Meer schoß, geriet ein Mann darunter und wurde so erschlagen; das nannte man Rollenrötung. Das schien ihnen kein guter Anfang zu sein, gleichwohl wollten sie darum ihre Reise nicht aufgeben.

Als das Heer instand gesetzt war, fuhren sie nach Schweden. Sobald sie in König Eysteins Reich kamen, zogen sie mit dem Heerschild darüber hin.

Als das Landvolk das merkte, eilte man nach Upsala und meldete König Eystein, daß das Heer ins Land eingefallen wäre. Der König ließ sogleich ein Pfeilaufgebot durch sein Reich ergehen und zog ein erstaunlich großes Heer zusammen. Mit diesem rückte er in einen Wald vor und schlug dort seine Zelte auf. Er hatte auch die Kuh Sibilja bei sich, aber viele Opfer mußten ihr gebracht werden, ehe sie mitziehen wollte. Als sie nun im Wald waren, sprach König Eystein: »Ich habe erfahren«, sagte er, »daß Ragnars Söhne auf den Feldern vor dem Wald sind; auch ist mir als sicher mitgeteilt worden, daß sie im Verhältnis zu uns ein dreimal so kleines Heer haben. Nun wollen wir unsre Reihen zur Schlacht aufstellen, und ein Drittel unsres Heeres soll ihnen entgegenziehen. Denn so mutig sind sie, daß sie glauben werden, unser Schicksal in ihren Händen zu haben – aber dann wollen wir sie plötzlich mit der ganzen Macht angreifen, die Kuh soll dem Heer voranlaufen, und ich hoffe, daß sie ihrem Gebrüll nicht standhalten werden.« So geschah es.

Sobald die Brüder König Eysteins Heer sahen, glaubten sie es mit keiner Übermacht zu tun zu haben und dachten nicht, daß noch mehr Mannschaft da wäre. Aber sogleich darauf kam das ganze Heer aus dem Wald hervor, die Kuh wurde losgelassen, lief dem Heer voraus und brüllte fürchterlich. Da entstand solcher Lärm und solche Verwirrung bei den Kämpfern, die das hörten, daß sie aufeinander losschlugen, nur die beiden Brüder blieben standhaft. Aber das Ungeheuer stieß mit seinen Hörnern manchen Mann den Tag zu Tode; und obwohl die Ragnarssöhne gewaltige Kämpfer waren, konnten sie doch nicht zugleich der Übermacht der anderen und der Zauberei widerstehen. Trotzdem leisteten sie hartnäckig Widerstand und wehrten sich mannhaft und tapfer und rühmlich. Eirek und Agnar waren stets tagsüber an der Spitze des Schlachtkeils und drangen oft durch die Reihen König Eysteins. Da fiel Agnar. Als das Eirek sah, focht er aufs Heldenmütigste und sorgte sich nicht darum, ob er mit dem Leben davonkäme oder nicht. Zuletzt wurde er von der Übermacht überwältigt und gefangengenommen.

Da befahl König Eystein, den Kampf einzustellen, auch schonte er Eirek, »und außerdem«, sagte er, »will ich dir zugestehen, daß ich dir meine Tochter gebe.« Eirek antwortete und sprach die Strophe:

> Nichts von Bruderbuße!
> Kauf die Braut um Gold nicht[1].
> Alle sagen, Eystein
> Ist der Mörder Agnars.
> Keine Mutter beklagt mich.
> Als den Letzten laßt mich
> Leiden[2] über der Walstatt,
> Bohrt den Speer in die Brust mir!

---

[1] Wörtlich: Ich will nichts davon hören, die Maid um Ringe zu kaufen. Der Brautschatz ist gemeint, den der Bräutigam der Braut zahlte.
[2] D. h. Sterben.

Dann fuhr er fort: Er wünsche, daß die Männer, die ihm gefolgt wären, Sicherheit erhielten und gehen könnten, wohin sie wollten. »Ich aber will, daß man möglichst viel Spieße nehme und in die Erde stoße; auf sie hinauf will ich mich heben lassen und da das Leben verlieren.« Da antwortete König Eystein, man solle seinen Wunsch erfüllen, obwohl er das Schlimmste gewählt. Die Spieße wurden in die Erde gestoßen, Eirek aber sprach die Strophe:

> Nie, soviel mir kund ist,
> Starb ein Königsknabe
> Auf so reichem Lager[1]
> Für den Raben zum Frühmahl.
> Reißen wird er beider
> Brüder Fleisch, gar böse
> Vergilt er mir die Atzung,
> Bellt laut ob der Leichen[2].

Hierauf ging er dahin, wo die Spieße in die Erde gestoßen waren, zog einen Ring von seiner Hand, warf ihn denen zu, die ihm gefolgt waren und jetzt ihren Frieden hatten, sandte sie zu Aslaug und sprach die Strophe:

> Auf dem Landweg lasset
> Eilig Aslaug wissen:
> Meine Ringe erbt sie –
> Aus ist meine Ostfahrt.
> Meine zweite Mutter[3]
> Wird, daran nicht zweifl' ich,
> Ihren tapfern Söhnen
> Trauernd den Tod künden.

---

[1] Auf den Speerspitzen.
[2] D. h. Die Raben der Walstatt, die ich so oft mit den Leibern erschlagener Feinde gemästet habe, vergelten mir jetzt undankbar, daß ich sie gefüttert habe: Sie verzehren jetzt krächzend mein eigenes Fleisch und das meines Bruders.
[3] Aslaug ist seine Stiefmutter.

Nun wurde er auf die Spieße gehoben. Da sah er einen Raben
fliegen und fügte die Strophe hinzu:

> Hier krächzt schon der Rabe
> Hoch ob meinem Haupte:
> Hungrig meine Augen
> Heischt der Wundenfalke[1];
> Hackt die Augensterne
> Er mir aus dem Haupte,
> Lohnt das reiche Essen
> übel er dem Wiking.

So ließ er sein Leben mit großer Standhaftigkeit.
Jene Boten aber kehrten heim und ruhten nicht eher, als bis sie zu
Ragnars Wohnsitz kamen. Er hatte sich damals auf eine Königsversammlung begeben. Auch waren Ragnars übrige Söhne von
ihren Kriegszügen noch nicht zurückgekehrt.
Die Boten blieben dort drei Nächte, bevor sie zu Aslaug gingen.
Als sie vor Aslaugs Hochsitz kamen, grüßten sie mit Ehrerbietung, und sie nahm ihren Gruß entgegen. Sie hatte ein Leinentuch über ihre Knie gelegt und wollte sich kämmen; darum hatte
sie ihr Haar aufgelöst. Da fragte sie, wer sie wären, denn sie hatte
sie vorher noch nicht gesehen. Der unter ihnen das Wort führte,
sagte, sie wären Gefolgsleute der Ragnarssöhne Eirek und Agnar. Da sprach sie diese Strophe:

> Welch neue Kunde
> Wißt ihr Königsmannen?
> Sind im Land die Schweden
> Oder auf der Heerfahrt?
> Hab gehört, daß nordwärts
> fuhr der Dänen Heerbann,
> hatte Rollenrötung[2] –
> Sonst ist nichts berichtet.

[1] Der Rabe.
[2] Als Agnars Schiff ins Wasser gelassen wurde, geriet ein Mann unter die Schiffsrollen; das wurde
als ein übles Vorzeichen angesehen.

Der Bote erwiderte eine Strophe als Antwort:

> Thoras Söhne traf der
> Tod – das muß ich melden,
> Herrin! Deinem Herrscher[1]
> Ist nicht hold das Schicksal.
> Weitres wir nicht wissen.
> Was wir hörten, hast du
> heut erfahr'n – die Adler
> flogen auf die Leichen.

Sie fragte, wie das zugegangen wäre, und da wiederholte der Bote die Strophe, die Eirek gesprochen hatte, als er ihr den Ring sandte.

Da sahen sie, daß sie Tränen vergoß, aber die waren wie Blut anzublicken und hart wie Hagelkörner; es war das erste und das letzte Mal, daß jemand sie Tränen vergießen sah. Dann sagte sie, sie könne sich nicht eher rächen, als bis entweder Ragnar oder seine Söhne zurückkämen. »Ihr sollt aber indessen hier bleiben«, fuhr sie fort, »und ich will zur Rache reizen, als wenn sie meine eigenen Söhne gewesen wären.«

So blieben sie dort. Es traf sich aber, daß Ivar und Aslaugs übrige Söhne eher heimkamen als Ragnar. Es verging nicht lange Zeit, bis Aslaug zu ihnen ging; Sigurd war damals drei Winter alt; er ging mit seiner Mutter.

Als sie in die Halle der Brüder trat, wurde sie wohl empfangen. Sie fragten einander nach Neuigkeiten. Jene erzählten ihr zuerst den Tod Rögnvalds, ihres Sohnes, und wie es dabei zugegangen war. Aber sie nahm sich das nicht sonderlich zu Herzen. Sie sprach:

> Lang starrt' ich voll Sehnsucht
> Auf den Sitz der Möwen[2]
> So jung sind die Söhne,

---

[1] D. h. Ragnar.
[2] Der Sitz der Möwen, ist das Meer.

> Daß sie kaum gehn können.
> Rögnvald hat gerötet
> Den Rand des Schiffs im Blute,
> furchtlos fuhr er zu Odin,
> Und war doch der jüngste.

»Ich sehe nicht«, schloß sie, »daß er noch größeren Ruhm hätte erreichen können, wenn er länger gelebt hätte.«
Darauf fragten sie, was sie für Neuigkeiten zu erzählen hätte. Sie antwortete: »Den Tod Eireks und Agnars, eurer Brüder und meiner Stiefsöhne, der Männer, die ich für die Tapfersten hielt. Es müßte wunderlich zugehen, wenn ihr das hinnehmen und nicht furchtbar rächen würdet. Ich bitte euch, und will auch auf alle Weise dabei behilflich sein, daß ihr Tod eher zu sehr als zu wenig von euch gerächt werde.« Ivar entgegnete: »Das ist gewiß: nach Schweden fahre ich niemals, um gegen König Eystein und den Opferzauber dort zu kämpfen.« Sie drang hart auf sie ein, aber Ivar führte das Wort für sie und schlug ihr beständig die Reise ab. Da sprach sie die Strophe:

> Nicht ein Halbjahr wärt ihr
> Ungerächt gewesen,
> Wärt ihr als die ersten
> Von der Erd' geschieden,
> Unverhohlen sag ich's –
> Hätten noch das Leben
> Eirek sowie Agnar,
> Die nicht ich geboren.

Ivar erwiderte: »Daß du eine Strophe nach der andern sprichst, nützt kaum etwas – weißt du denn überhaupt, was für ein großes Hindernis dort im Wege steht?« – »Ich weiß es nicht gewiß«, antwortete sie, »oder kannst du sagen, welche Schwierigkeiten es dort gibt?« Ivar erwiderte, dort wäre ein so furchtbarer Opferdienst, daß es nirgends seinesgleichen gäbe, »und der König ist beides, mächtig und böse.« – »Worauf vertraut er bei seinen

Opfern am meisten?« fragte sie. Er antwortete: »Das ist eine große Kuh, die Sibilja genannt wird. Sie ist so zauberkräftig, daß keiner von seinen Feinden hat standhalten können, wenn sie ihr Gebrüll ausstößt. Man hat kaum gegen Menschen allein zu kämpfen – man muß zuerst versuchen, dem Zauber zu begegnen und nicht dem König – dabei will ich weder mich noch mein Heer aufs Spiel setzen.« Sie erwiderte: »Das mußt du dir überlegen: Man kann nicht ein gewaltiger Held heißen wollen und keine Heldentat tun.«

Als sie alle Hoffnung aufgegeben hatte und weggehen wollte – denn sie schienen nicht sonderlich auf ihre Worte zu achten –, da sprach Sigurd Wurm im Auge: »Ich will dir sagen, Mutter«, sagte er, »was ich im Sinn habe, aber auf den Entschluß meiner Brüder habe ich keinen Einfluß.« – »Ich will es hören«, sagte sie. Da sprach er die Strophe:

> In drei Nächten ist die
> Heerfahrt ausgerüstet
> – Lang ist's übers Meer hin –
> Sorgt nur das dich, Mutter.
> Auf der Schweden Hochsitz
> Hockt nicht länger Eystein[1],
> Bietet er auch Buße –
> Beißen nur die Schwerter.

Als er diese Strophe gesprochen hatte, änderte sich etwas der Sinn seiner Brüder. Aslaug aber sprach: »Klar zeigst du mir nun, mein Sohn, daß du meinen Willen ausführen willst – aber ich kann nicht einsehen, daß wir etwas ausrichten können, wenn wir nicht den Beistand deiner Brüder bekommen; aber der müßte so werden, daß wir die Rache am besten erreichen können. Ich muß sagen, mein Sohn, du benimmst dich richtig.« Da sprach Björn die Strophe:

---

[1] Verächtlich für: Eystein soll nicht mehr über Upsala herrschen.

> Herz und tapfrer Mut
> Taugen wohl dem Helden
> Innerhalb der Rippen,
> Redet er auch nicht[1].
> Gleißt und glänzt mir auch nicht
> Glüh'nder Wurm im Auge,
> Denk ich doch der Brüder[2],
> Daß sie hold mir waren.

Und nun sprach Hvitserk diese Strophe:

> Laßt's uns überlegen,
> Ehe wir geloben,
> Daß erreicht die Rache
> Rasch den Mörder Agnars.
> Schiebt das Schiff ins Wasser,
> Sprengt das Eis vorm Schnabel,
> Schauet, wer am schnellsten
> Schiffe hat gerüstet!

Hvitserk sagte nämlich deshalb, daß man das Eis aufhauen müsse, weil starker Frost herrschte und ihre Schiffe eingefroren waren. Darauf ergriff Ivar das Wort und sagte, er wolle nun auch daran teilnehmen. Er sprach diese Strophe:

> Ihr habt Mut genügend –
> Aber in der Not auch
> Mangelt manchmal Ausdau'r.
> Mich, den Knochenlosen,
> Tragt voran dem Haufen!
> Hand zur Rache hab ich[3],
> Kann ich sonst nicht brauchen
> Meine beiden[4] Hände.

---

[1] Nämlich: von dem Sinn in der mutigen Brust. [2] Aslaugs Stiefsöhne sind seine Brüder.
[3] Die eine Hand, die Ivar zur Ausübung der Rache stellen kann, ist sein Scharfsinn, sein Geist.
[4] Ergänze: leiblichen, natürlichen.

»Und jetzt ist das Beste«, fuhr Ivar fort, »mit allem Fleiß Schiffe auszurüsten und Mannschaft zusammenzuziehen; denn wir dürfen nichts sparen, wenn der Sieg unser sein soll.«
Darauf ging Aslaug hinweg.

Aslaugs und der Ragnarssöhne Heerfahrt nach Schweden

Sigurd hatte einen Pflegevater gehabt, der übernahm es für ihn, Schiffe auszurüsten und Mannschaft für sie zu heuern, so daß sie alle volle Besatzung hätten. Es ging so schnell, daß das Heer, das Sigurd auszurüsten hatte, nach Verlauf von drei Nächten fertig war: Er hatte fünf wohlausgerüstete Schiffe. Als fünf Tage verstrichen waren, hatten Hvitserk und Björn vierzehn Schiffe ausgerüstet, Ivar zehn und Aslaug weitere zehn, nachdem sieben Nächte vergangen waren seit der Zeit, daß sie darüber geredet und die Brüder die Heerfahrt verheißen hatten.
Nun kamen sie alle zusammen, und einer erzählte dem andern, ein wie großes Heer er geworben hätte. Hierauf sagte Ivar, er habe eine Ritterschar auf dem Landweg entsandt. Da sprach Aslaug: »Wenn ich gewußt hätte, daß ein Heer nützen könnte, das auf dem Landweg zieht, hätte ich auch ein großes Heer stellen können.« – »Damit soll die Zeit nicht versäumt werden«, sagte Ivar, »sondern wir wollen uns mit dem Heer auf den Weg machen, das wir zusammengebracht haben.« Da sagte Aslaug, sie wolle mit ihnen fahren: »dann weiß ich am besten, wie eifrig ihr bemüht seid, eure Brüder zu rächen.« – »Ganz gewiß kommst du nicht auf unsre Schiffe; aber das soll geschehen, wenn du willst, daß du das Heer anführst, das den Landweg zieht.« Sie war damit einverstanden. Da nahm sie einen andern Namen an und wurde seitdem Randalin (d. i. Schildträgerin) genannt.
Darauf brachen beide Heere auf, und Ivar hatte angeordnet, wo sie sich treffen sollten. Ihre Fahrt verlief glücklich, und sie trafen sich an dem verabredeten Ort. Wo sie in Schweden in das Reich des Königs kamen, fuhren sie mit dem Heerschild darüber hin, verbrannten alles, was vor sie kam und töteten jegliches Gebein;

ja, sie trieben es so weit, daß sie alles erschlugen, was lebendig war.

Kampf in Schweden. König Eysteins Fall

Inzwischen entkamen Leute zu König Eystein und meldeten ihm, daß ein großes Heer in sein Reich eingefallen wäre, so fürchterlich vorginge, daß sie nichts verschonten, und, wo sie ihre Straße zögen, alles verwüsteten, so daß kein Haus mehr stünde.

Als König Eystein diese Nachricht hörte, glaubte er zu wissen, wer diese Wikinger wären: Er ließ sogleich über sein ganzes Reich das Pfeilaufgebot ergehen und rief alle seine Leute zu sich, die ihm Beistand leisten wollten und den Schild tragen konnten. »Wir wollen«, sagte er, »die Kuh Sibilja, unsere Gottheit, mit uns nehmen und sie dem Heer voranlaufen lassen; ich hoffe, es wird wie früher werden, daß sie ihrem Gebrüll nicht widerstehen können. Ich will mein ganzes Heer zum tapfersten Widerstand anfeuern, und so wollen wir das große, grimmige Heer aus unserem Land treiben.«

So geschah es. Sibilja wurde losgelassen. Ivar sah, wie sie ihr Wesen trieb, und hörte das grimmige Gebrüll, das sie ausstieß; er befahl, das gesamte Heer sollte lauten Lärm machen, mit Waffen und Kriegsgeschrei, damit die Leute so wenig wie möglich von dem Gebrüll des Untiers hörten, wenn es auf sie losstürmte. Außerdem gebot Ivar seinen Trägern, daß sie ihn der Kuh entgegentragen sollten, so weit nach vorn wie sie vermöchten: »wenn die Kuh auf uns zukommt, so werft mich auf sie! Dann wird eins von beiden geschehen: entweder verliere ich das Leben, oder sie muß sterben. Ihr sollt einen starken Baumstamm nehmen und ihn zu einem Bogen zurechtschneiden und zu Geschossen.« Sie brachten ihm dann den starken Bogen und die großen Pfeile, die er hatte machen lassen, und diese Waffen schienen von keinem andern geführt werden zu können. Darauf feuerte Ivar jeden Mann an, sich tapfer zu zeigen.

Ihre Heere rückten mit großer Kampfgier und lautem Getöse vor, und Ivar wurde den Schlachtreihen vorangetragen. Aber als Sibilja zu brüllen begann, entstand ein so fürchterlicher Lärm, daß es war, als wenn das ganze Heer schwieg oder stille stand. Das wirkte so auf die Krieger ein, daß das ganze Heer sich gegenseitig schlug, ausgenommen die Brüder. Als dieses Ungeheuerliche geschah, sahen die, die Ivar trugen, daß er seinen Bogen so leicht spannte, wie wenn es ein schwacher Ulmenzweig wäre. Es kam ihnen so vor, als zöge er die Pfeilspitze noch innerhalb der Krümmung des Bogens zurück; dann hörten sie die Sehne so laut erklingen, wie sie es nie zuvor gehört hatten, und sahen seine Pfeile so schnell dahinfliegen, als wenn sie von der stärksten Armbrust geschossen wären – und so gleich, daß jeder der Kuh Sibilja in ein Auge fuhr. Sie stürzte und fiel mit dem Kopfe zu Boden; dann brüllte sie noch viel furchtbarer als vorher. Als sie darauf auf sie losstürmte, befahl Ivar, ihn auf sie zu werfen. Er wurde so leicht für sie, wie wenn sie ein kleines Kind würfen; sie waren nämlich der Kuh nicht sonderlich nahe, als sie ihn warfen. Er fiel der Kuh auf den Rücken und wurde da so schwer, wie wenn ein Berg auf sie niederfiele: Alle Knochen wurden in ihr zerbrochen, und sie starb daran. Darauf gebot er den Leuten, ihn schleunigst wieder empor zu heben; er ward empor gehoben, und da war seine Stimme so durchdringend, daß die ganze Mannschaft, während er sprach, glaubte, er wäre ihnen ganz nahe, wenn sie auch noch so weit weg waren. Die größte Stille folgte seinem Gebot, und das war der Erfolg seiner Rede, daß der Streit aufhörte, in dem sie vorher die Waffen gegeneinander gewendet hatten – großen Schaden hatte er übrigens nicht angerichtet, denn sie hatten sich nur kurze Zeit bekämpft.
Ivar feuerte sie an, so heftig wie möglich die Feinde anzugreifen: »ich glaube, der grimmigste Gegner ist jetzt aus dem Wege geräumt, da die Kuh getötet ist.« Auf beiden Seiten stellten sie das Heer in Schlachtordnung auf, und der Kampf begann; er war so hart, daß alle Schweden sagten, sie hätten noch niemals eine solche Erprobung der Tapferkeit auszustehen gehabt. Die Brüder Hvitserk und Björn stürmten so ungestüm vor, daß keine

Schar ihnen standhalten konnte. So viel Leute König Eysteins fielen, daß nur der kleinste Teil noch aufrecht stand; einige entkamen durch schnelle Flucht. Die Schlacht schloß damit, daß König Eystein fiel, die Brüder aber den Sieg erfochten: Sie gewährten denen, die noch übrig waren, Schonung. Da sagte Ivar, er wolle nicht länger in diesem Land Krieg führen, da es jetzt ohne Häuptlinge sei: »Ich will lieber, daß wir dahin steuern, wo uns eine größere Übermacht gegenübersteht.« Randalin aber kehrte mit einem Teil des Heeres nach Hause zurück.

Die Ragnarssöhne erobern Vifilsborg

Nun verabredeten sie, eine Heerfahrt ins Südreich zu unternehmen; Sigurd Wurm im Auge war von da an mit seinen Brüdern auf jeder Heerfahrt. Auf diesem Zuge legten sie sich vor eine jede Burg, die bedeutend war, und eroberten sie – nichts hielt ihnen stand.

Da hörten sie von einer Stadt, die beides wäre, groß und stark und mit vielen Leuten bemannt; Ivar erklärte, gegen sie ziehen zu wollen. Es wird auch erzählt, wie diese Stadt hieß, und wer in ihr herrschte: Der Häuptling hieß Vifil, und nach seinem Namen war die Burg Vifilsborg benannt. Sie fuhren so mit dem Heerschild über das Land, daß sie alle Burgen zerstörten, auf die sie stießen, bis sie nach Vifilsborg kamen. Der Häuptling war damals nicht daheim auf seiner Burg, sondern fortgezogen, und mit ihm viel Volk.

Sie bauten ihre Baracken auf den Ebenen nahe bei der Burg, verhielten sich aber an dem Tag, an dem sie vor der Burg angekommen waren, ruhig und unterhandelten mit den Städtern. Sie boten ihnen die Wahl, ob sie die Stadt übergeben wollten – dann sollte allen Männern Friede gewährt werden; oder ob sie ihre Kräfte und Tapferkeit versuchen wollten – dann sollte keiner geschont werden.

Sie erklärten ohne Umschweife, sie könnten die Burg niemals auf die Weise gewinnen, daß sie sie ihnen übergäben: »ihr werdet

euch zuvor versuchen müssen und uns eure Tapferkeit, Stärke und Kühnheit beweisen.«
Die Nacht verging. Am nächsten Tage versuchten sie die Stadt zu stürmen, hatten aber keinen Erfolg. Sie belagerten sie nun einen halben Monat und versuchten jeden Tag, sie durch mancherlei Kriegslisten einzunehmen – aber es ging um so schlechter, je länger sie es versuchten, und sie dachten schon daran abzuziehen. Als die Städter das merkten, kamen sie heraus auf die Stadtmauern und breiteten über die ganze Mauer kostbare Decken und die schönsten Gewänder, die in der Stadt waren und zeigten ihnen Gold und herrliche Kleinode, die sich in der Stadt fanden. Darauf ergriff einer aus ihrer Schar das Wort und sprach: »Wir glaubten, daß diese Männer Ragnars Söhne wären und ihre Krieger tapfer – aber wir müssen bekennen, daß es ihnen nicht besser ergangen ist als andern.« Dann stießen sie den Kriegsruf aus, schlugen auf die Schilde und forderten sie gegen sich heraus, so viel sie nur konnten.
Als Ivar das hörte, ergrimmte er mächtig und wurde davon so krank, daß er sich kaum rühren konnte – sie mußten abwarten, bis es entweder mit ihm besser würde oder er stürbe. Er lag den ganzen Tag bis zum Abend, ohne ein Wort zu sprechen. Dann gebot er, seinen Brüdern Björn, Hvitserk und Sigurd zu sagen, sie möchten mit ihren klügsten Männern zu ihm kommen.
Als die größten Häuptlinge des Heeres versammelt waren, fragte sie Ivar, ob sie irgend einen Rat gefunden hätten, durch den sie den Sieg eher gewinnen würden als durch ihre bisherigen Versuche. Sie aber antworteten, sie wären nicht weise genug, eine so gute Kriegslist zu ersinnen, daß sie auf Sieg hoffen könnten: »es ist jetzt wie so oft, daß uns dein Rat besonders wird zu Hilfe kommen müssen.«
Da entgegnete Ivar: »Mir ist ein Rat in den Sinn gekommen, den wir bisher noch nicht versucht haben. Nicht weit von hier liegt ein großer Wald, und jetzt, wo es Nacht wird, wollen wir uns heimlich aus unsern Zelten zum Wald begeben, unsre Baracken aber sollen stehen bleiben. Wenn wir in den Wald kommen, soll jeder Mann sich ein Holzbündel machen. Damit wollen wir von

allen Seiten an die Stadt heranziehen und das Holz in Brand setzen: Das wird ein gewaltiges Feuer werden, und die Stadtmauern werden durch dieses Feuer ihren Mörtel verlieren – dann wollen wir die Steinschleudermaschinen heranbringen und versuchen, wie fest die Stadt noch ist.«
So geschah es. Sie zogen zum Wald und blieben dort so lange, wie es Ivar für gut hielt. Dann gingen sie nach seiner Anordnung zu der Burg, und als sie die großen Holzhaufen anzündeten, entstand ein so gewaltiger Brand, daß die Mauern nicht länger halten konnten und ihren Mörtel verloren. Darauf brachten sie die Wurfmaschinen an die Burg, brachen mehrere Breschen, und dann begann der eigentliche Kampf. Da die Streitkräfte gleich waren, so fielen die meisten Städter, der Rest entfloh. Der Streit endete damit, daß jedes Menschenkind erschlagen wurde, das in der Stadt war; alles Gut wurde geraubt und die Stadt niedergebrannt, bevor die Ragnarssöhne abzogen.

Die Ragnarssöhne wollen Rom berennen

Sie zogen weiter, bis sie in die Stadt kamen, die Luna hieß. Sie hatten fast im ganzen Südreich alle Burgen und Schlösser gebrochen und waren so berühmt in der ganzen Welt, daß es kein noch so kleines Kind gab, das nicht ihren Namen kannte. Da beschlossen sie, nicht eher abzulassen, als bis sie Rom erreicht hätten, denn von der Größe und Volksmenge, dem Reichtum und Ruhm dieser Stadt war ihnen viel erzählt worden. Indessen sie wußten nicht genau, wie weit der Weg dahin wäre, und da sie genug Lebensmittel für ihr großes Heer hatten, so blieben sie in der Stadt Luna und berieten über ihre Fahrt.
Da kam ein alter, anmutiger Mann dorthin; sie fragten ihn, wer er wäre. Er aber sagte, er wäre ein Bettler und wäre sein ganzes Leben lang durch das Land gezogen. »So wirst du uns mancherlei Nachricht über das geben können«, sagten sie, »was wir zu wissen wünschen.« Der Alte antwortete: »Ich glaube kaum, daß ihr mich nach einem Land fragen könnt, worüber ich euch nichts

zu erzählen wüßte.« – »Wir wünschen«, erwiderten sie, »daß du uns sagst, wie weit der Weg von hier nach Rom ist.« Er antwortete: »Ich kann euch etwas zum Zeichen dafür erzählen: Ihr könnt hier diese Eisenschuhe sehen, die ich an meinen Füßen habe – sie sind jetzt alt; und die andern, die ich hier auf meinem Rücken trage, sie sind jetzt auch verschlissen; als ich aber von dort wegzog, band ich diese verschlissenen Schuhe, die ich auf meinem Rücken trage, unter meine Füße, beide waren damals neu; seitdem bin ich ununterbrochen auf dem Wege von da gewesen.«
Als der alte Mann so gesprochen hatte, sahen die Brüder ein, daß sie ihre beschlossene Romfahrt aufgeben müßten. Sie brachen also mit ihrem ganzen Heer auf und eroberten viele Burgen, die nie zuvor eingenommen worden waren; die Wahrzeichen sieht man noch heute.

Ragnars Zug nach England, sein Tod

Jetzt geht die Erzählung da weiter, daß Ragnar in seinem Reich saß und nicht wußte, wo seine Söhne waren, noch seine Gattin Randalin. Er hörte aber alle seine Leute sagen, daß sich niemand mit seinen Söhnen messen könnte, und merkte daran, daß ihr Ruhm nicht seinesgleichen hätte. Da dachte er darüber nach, was für einen Ruhm er selber suchen könnte, der nicht weniger groß wäre. Da beschloß er, Zimmerleute kommen und starke Bäume zu zwei großen Schiffen schlagen zu lassen. Als sie fertig waren, sah man, daß es zwei Handelsschiffe waren, so groß, wie noch keine in den Nordlanden gebaut worden waren. Zugleich ließ er in seinem ganzen Reich viele Waffen herstellen. Aus diesen Vorbereitungen sah man, daß er eine Heerfahrt außer Landes vorhätte. Das wurde weit und breit in den Nachbarländern bekannt; deshalb fürchteten die Leute und alle Könige, die über Länder herrschten, daß sie aus ihren Ländern und Reichen vertrieben werden könnten: Darum ließ ein jeder von ihnen in

seinem Lande Wache halten, für den Fall, daß Ragnar einen Einfall beabsichtigte.
Ein ander Mal fragte Randalin Ragnar, was für eine Fahrt er beschlossen hätte. Er sagte ihr, er beabsichtige nach England zu fahren, und zwar mit nicht mehr als zwei Handelsschiffen und soviel Mannschaft, wie sie tragen könnten. Da erwiderte Randalin: »Diese Fahrt, die du vorhast, kommt mir unüberlegt vor – mir scheint, es wäre ratsamer, mehr und kleinere Schiffe zu haben.« – »Das ist kein besonderer Ruhm«, entgegnete er, »mit vielen Schiffen ein Land zu erobern – aber dafür gibt es noch kein Beispiel, daß ein Land wie England mit nur zwei Schiffen erobert worden wäre; und wenn ich etwa besiegt werde, so ist es um so besser, je weniger Schiffe ich von zu Hause mitgenommen habe.« Da antwortete Randalin: »Mir scheint, die Ausrüstung dieser Schiffe kostet nicht weniger, als wenn du viele Langschiffe für diese Fahrt hättest. Du weißt auch, daß es schwierig ist, in England zu landen, und wenn deine Schiffe untergingen, so wäre die Bemannung, wenn sie auch ans Land käme, doch nicht imstande, sich zu wehren, wenn ein Landheer herankäme. Leichter aber ist es, mit Langschiffen als mit Handelsschiffen Häfen anzulaufen.« Da sprach Ragnar diese Strophe:

> Keiner spar' des Rheines
> Bernstein[1], braucht er Krieger!
> Für den Fürsten sind besser
> Viele Mannen als Ringe.
> Bei dem Kampf im Burgtor
> Brauchst du Heer, nicht Ringe.
> Dahin ist mancher Herrscher,
> Doch es lebt der Hort noch.

Er ließ nun seine Schiffe rüsten und sammelte sich Mannschaft, so daß die Handelsschiffe voll besetzt waren. Über sein Vorha-

---

[1] D. h. Gold. Der Nibelungenschatz (wozu auch Bernstein gehören soll!) wurde in den Rhein versenkt.

ben waren die Ansichten sehr geteilt. Da sprach er wieder eine Strophe:

> Warum nur die Erregung
> Um den Ringebrecher[1]?
> Der Gold stets verschwendet,
> Soll in See nicht stechen;
> Der das Feu'r der Hände
> Haßt[2], wird festentschlossen
> Seine Absicht ausführ'n,
> Wenn's die Asen wollen.

Die Schiffe waren nun ausgerüstet und die Mannschaft, die ihm folgen sollte, bereit. Da das Wetter ihm günstig schien, sagte Ragnar, daß er an Bord wolle. Als er gerüstet war, begleitete ihn Randalin zu den Schiffen und sagte, bevor sie sich trennten, sie wolle ihm das Kleid vergelten, das er ihr früher gegeben habe.

> Nimm es hin, das lange
> Hemd, das nicht genäht ist.
> Seine grauen Fäden
> Sind aus Haar geflochten.
> Wunde wird nicht bluten,
> Beil wird dich nicht beißen
> In dem heiligen Hemde –
> Himmlischen war geweiht es.

Er erwiderte, diesen Vorschlag wolle er annehmen. Aber als sie sich trennten, konnte man deutlich sehen, daß ihr der Abschied sehr zu Herzen ging.
Ragnar steuerte nun mit seinen Schiffen nach England, wie er

---

[1] Des Fürsten vornehmste Pflicht war, Gold unter sein Gefolge zu verteilen (vgl. Zeile 3); wer es nicht tat, bekam den Beinamen »geizig mit Ringen«. Ragnar meint mit dem Ringebrecher und Goldverschwender sich selbst.
[2] Das Feuer der Hand, des Armes = Gold; der es haßt, d. h. freigebig verschenkt ist der Fürst. Auch hier meint Ragnar sich selbst.

sich vorgenommen hatte; aber es erhob sich ein so heftiger Sturm, daß ihm seine beiden Handelsschiffe an der englischen Küste scheiterten. Doch kam sein ganzes Heer an Land und rettete Kleider und Waffen. Alle Dörfer, Städte und Schlösser, auf die er stieß, nahm er ein.

Der König, der damals über England herrschte, hieß Ella. Er hatte erfahren, daß Ragnar aus seinem Reich aufgebrochen war, und hatte Männer aufgestellt, damit er sogleich Nachricht erhielte, wenn das Heer landete. Diese Männer kamen jetzt zu König Ella und brachten ihm die Kriegsbotschaft. Da ließ er Botschaft über sein ganzes Reich ergehen und befahl jeden Mann zu sich, der einen Schild führen und ein Roß reiten könnte und Mut zum Kämpfen hätte. So zog ein großes und fürchterliches Heer zusammen. Nun rüsteten Ragnar und König Ella zur Schlacht. König Ella befahl seinem Heer: »Wenn wir in diesem Kampf siegen und ihr Ragnar seht, so sollt ihr nicht die Waffen gegen ihn wenden – denn er hinterläßt solche Söhne, daß sie niemals aufhören werden uns anzugreifen, wenn er fällt.«

Ragnar rüstete sich jetzt auch zur Schlacht und trug das Hemd, das ihm Randalin beim Abschied gegeben hatte, statt der Brünne, und in seiner Hand führte er den Spieß, mit dem er den Wurm erschlagen hatte, der um Thoras Saal lag, was kein andrer gewagt hatte; er hatte keine andern Schutzwaffen als den Helm. Sobald die beiden Heere zusammenstießen, begann die Schlacht. Ragnars Heer war weit kleiner. Die Schlacht hatte noch nicht lange gedauert, als schon viele von Ragnars Heer gefallen waren. Aber wohin er selbst vordrang, wich der Feind vor ihm: Er stürmte an dem Tage durch die Schlachtordnung, und wo sein Hieb oder Stoß auf Schilde, Harnische oder Helme traf, da geschah es mit solcher Wucht, daß nichts widerstehen konnte. Aber niemals wurde auf ihn so gehauen oder geschossen, daß irgend eine Waffe ihm Schaden zufügte – er empfing keine Wunde, erschlug aber eine große Menge von König Ellas Gefolge. Aber der Ausgang des Kampfes der beiden Könige war doch der, daß alle Leute von Ragnar fielen; dann wurde er selbst von allen Seiten zwischen die Schilde eingeschlossen und so gefangen genommen.

Man fragte ihn nun, wer er wäre – er aber schwieg und erwiderte kein Wort.
Da sprach König Ella: »Der Mut dieses Mannes muß stärker auf die Probe gestellt werden, wenn er uns nicht sagen will, wer er ist: Man soll ihn in einen Schlangenzwinger werfen und recht lange darin lassen. Wenn er aber irgend etwas sagt, was uns zeigt, daß er Ragnar ist, so soll er so schnell wie möglich wieder herausgezogen werden.«
Man schleppte ihn in die Grube, und er saß sehr lange darin, ohne daß die Schlangen sich irgendwo an ihn geheftet hätten. Da sprachen die Männer: »Das ist ein gewaltiger Mann: Keine Waffen verwundeten ihn heute, und jetzt können ihm auch die Schlangen kein Leid antun.« Da befahl der König, ihm den Rock abzuziehen, den er zu oberst trug. Das geschah, und sogleich hingen die Schlangen von allen Seiten an ihm. Da sprach Ragnar: »Die Frischlinge würden grunzen, wenn sie wüßten, was der Alte leidet.« Aber obwohl er solches sagte, wußten sie trotzdem noch nicht, ob es Ragnar wäre oder ein andrer König. Da sprach er die Strophe:

> Einundfünfzig Fehden
> Focht ich, alle schienen
> Ruhmreich; vielen Fürsten
> Fügt ich Schaden zu.
> Nimmer wähnt' ich, Würmer
> Würden mein Tod werden:
> Was man nicht erwartet,
> Wird uns oft beschieden.

Und weiter sprach er:

> Grunzen würden die Ferkel[1],
> Wüßten des Ebers[2] Not sie.

---

[1] D. h. Meine Söhne.
[2] Ragnar vergleicht sich mit einem umstellten Eber. Er sagt: Meine heldenhaften Söhne würden Rache schnauben, wenn sie meine Not wüßten.

(Schwere Schmerzen leid' ich):
Schlangen stechen mich,
Die gewundnen Würmer
Saugen an mir gewaltig:
Bald bin ich verblichen,
Zerbissen von den Nattern.

So ließ er sein Leben, und seine Leiche wurde von dort weggebracht. König Ella aber war fest überzeugt, daß es Ragnar war, der dort sein Leben gelassen hatte. Er überlegte nun bei sich, wie er es am besten so anstellen könnte, daß er sein Reich behielt, und wie er erfahren könnte, welchen Eindruck die Nachricht vom Tode ihres Vaters auf die Söhne machte. Er beschloß, ein Schiff auszurüsten und wohl bemannen zu lassen und einen Mann darüber zu setzen, der sowohl tapfer wie klug wäre – die wollte er zu Ivar und seinen Brüdern senden und ihnen den Tod ihres Vaters melden. Aber diese Reise erschien den meisten so gefährlich, daß nur wenige fahren wollten. Da sprach der König: »Ihr sollt genau darauf acht geben, welchen Eindruck diese Nachricht auf jeden einzelnen Bruder macht. Brechet auf, sobald ihr günstigen Wind bekommt.« Er ließ ihre Reise so rüsten, daß es ihnen an nichts fehlte. So fuhren sie ab, und die Reise ging glücklich vonstatten. Inzwischen hatten Ragnars Söhne im Südreich geräubert, wandten sich nach den Nordlanden zurück und wollten zurück in ihr Reich, über das Ragnar sie gesetzt hatte. Sie wußten nichts von seiner Heerfahrt, was aus ihr geworden sei, und waren doch sehr begierig zu erfahren, wie es ergangen wäre. Sie zogen von Süden her durch das Land – aber überall, wo man hörte, daß diese Brüder anrückten, zerstörten die Bewohner selbst die Städte, brachten ihr Hab und Gut in Sicherheit und flüchteten, so daß jene kaum Lebensmittel für ihre Leute hatten. Da geschah es eines Morgens, daß Björn Eisenseite[1] erwachte und folgende Strophe sprach:

---

[1] Björn hatte diesen Beinamen, weil er in einer Schlacht unverletzt die Feinde besiegt hatte, gleichsam von der Festigkeit seiner eisernen Seite erhalten (Saxo).

Täglich rauscht der Rabe
Über uns und raunet:
Bei gesundem Leibe
Soll' er Hunger leiden.
Nach dem Süden flieg' er,
Wo zuerst wir fochten:
Reichlich kann er trinken
Toter Männer Tau[1] dort!

Und er sprach weiter:

In dem Römerreiche
(Noch gering mein Heer war)
Kämpft' zum erstenmal ich,
Da ging auf mein Kriegsruhm.
Schwang mein Schwert zum Morde
Gegen manchen Graukopf:
Über Leichenhaufen
Krächzte laut der Adler.

Die Ragnarssöhne erfahren vom Tod ihres Vaters. Erster Rachezug nach England

Es traf sich inzwischen so, daß sie eher nach Dänemark zurückkehrten als die Boten Ellas ankamen; sie saßen ruhig daheim mit ihrem Heer. Die Abgesandten Ellas kamen mit ihrem Gefolge zu einer Burg, wo Ragnars Söhne gerade bewirtet wurden und traten in die Halle, wo sie tranken, und vor den Hochsitz, auf dem Ivar lag. Sigurd Wurm im Auge und Hvitserk der Schnelle saßen beim Brettspiel, und Björn Eisenseite schnitzte einen Speerschaft auf dem Estrich der Halle. Als König Ellas Boten vor Ivar traten, grüßten sie ihn ehrerbietig. Er nahm ihre Begrüßung freundlich auf und fragte sie, woher sie kämen, und was sie für

---

[1] Der Tau der erschlagenen Männer ist das Blut.

Neuigkeiten zu erzählen hätten. Ihr Wortführer sagte, sie wären englische Männer, und König Ella habe sie mit dem Auftrag geschickt, daß sie den Tod ihres Vaters Ragnar melden sollten. Hvitserk und Sigurd ließen sogleich das Brett fallen und paßten genau auf diesen Bericht auf. Björn stand aufrecht auf dem Estrich und stützte sich auf seinen Speerschaft. Ivar aber fragte genau nach den Umständen seines Todes. Jene erzählten alles, wie es sich begeben hatte, von der Zeit an, wo er nach England gekommen war, bis zu der Stunde, wo er sein Leben gelassen hatte. Und als ihre Erzählung zu Ragnars Worten kam: »Grunzen würden die Frischlinge«, da packte Björn mit seiner Hand so fest den Speerschaft an, daß die Stelle deutlich zu sehen war, wo seine Hand ihn gefaßt hielt. Und als die Boten ihren Bericht schlossen, schüttelte er den Speer so heftig, daß er entzweiging und in zwei Stücke zersprang. Hvitserk aber hielt einen Brettstein, den er geschlagen hatte, in der Hand und preßte ihn so fest, daß ihm das Blut aus allen Nägeln spritzte. Sigurd Wurm im Auge hielt ein Messer in der Hand und schabte seine Nägel; als dieser Bericht vorgetragen wurde, hörte er so genau zu, daß er sich in den Finger schnitt – er merkte es nicht eher, als bis das Messer ihm auf den Knochen gedrungen war, und beachtete es doch nicht. Ivar aber fragte und forschte nach allem aufs genaueste, und die Farbe seines Gesichts war bald rot, bald blau, bald aber bleich, und er war so aufgeschwollen, daß seine Haut ganz wie aufgeblasen war, von dem Ingrimm, der in seiner Brust tobte.

Nun griff Hvitserk das Wort und sagte, die Rache könnte sogleich beginnen, indem sie König Ellas Boten erschlügen. Ivar aber sagte: »Das soll nicht geschehen – sie sollen in Frieden fahren, wohin sie wollen; und wenn es ihnen an etwas fehlt, so mögen sie es mir melden, ich will es ihnen verschaffen.«

Als die Abgesandten ihre Botschaft ausgerichtet hatten, verließen sie die Halle und gingen zu ihren Schiffen. Sobald sie günstigen Wind hatten, stachen sie in See. Ihre Reise ging glücklich vonstatten, bis sie heim zu König Ella kamen und ihm meldeten, welchen Eindruck ihre Botschaft auf jeden der Brüder

gemacht hätte. Als König Ella das hörte, sprach er: »Es steht zu erwarten, daß wir Ivar oder sonst keinen zu fürchten haben werden, nach dem, was ihr mir über ihn erzählt habt. Die anderen Brüder werden gegen uns kaum feindlich gesonnen sein, und vor ihnen möchten wir wohl unser Reich behaupten.« Er ließ über sein ganzes Reich Wache halten, so daß kein feindliches Heer ihn überraschen konnte.
Als die Boten König Ellas fort waren, hielten die Brüder zusammen Rat, wie sie es mit der Rache für ihren Vater Ragnar halten sollten. Da sprach Ivar: »Ich werde mich nicht daran beteiligen und keine Mannschaft dazu stellen, denn es erging Ragnar, wie ich mir denken konnte. Er hat seine Sache von Anfang an schlecht vorbereitet, denn er hatte keinen Grund, König Ella anzugreifen, und es ist oft geschehen, wenn einer zu Unrecht Gewalt anwenden will, daß das ein wenig ruhmreiches Ende findet. Darum will ich Geldbuße von König Ella annehmen, wenn er sich mir gegenüber dazu verstehen will.« Als aber seine Brüder dies hörten, wurden sie sehr zornig und sagten, sie würden niemals solche Nichtswürdigkeit begehen, wenn er es auch wollte: »mancher wird von uns sagen, daß wir das Gegenteil von dem tun, was wir tun müßten, wenn wir unsern Vater nicht rächen wollen, wir, die wir weit durch die Welt mit dem Heerschild gefahren sind und manchen Mann schuldlos erschlagen haben. Das darf nicht geschehen! Aufs schnellste soll jedes Schiff gerüstet werden, das in Dänemark tauglich für die Seefahrt ist; und so sorgfältig soll die Mannschaft gesammelt werden, daß jeder Mann, der einen Schild gegen König Ella tragen kann, mitziehen soll.« Ivar aber sagte, die Schiffe, über die er den Befehl führe, sollten zurückbleiben, »das Schiff ausgenommen, das ich selbst besitze.« Aber als es bekannt wurde, daß Ivar nicht selbst die Sache in die Hand nahm, bekamen seine Brüder weit weniger Leute, brachen jedoch trotzdem auf.
Sobald sie nach England kamen, erfuhr es König Ella, ließ sogleich sein Kriegshorn blasen und bot alle Männer auf, die ihm folgen wollten. Da bekam er ein so großes Heer, daß kein Mensch es zählen konnte, und rückte gegen die Brüder vor. Als

sie zusammenstießen, nahm Ivar nicht am Kampf teil, und die Schlacht endete damit, daß Ragnars Söhne die Flucht ergreifen mußten. König Ella gewann den Sieg, und als er dabei war, die Fliehenden zu verfolgen, sagte Ivar, er wolle nicht zu seinem Heer zurückkehren: »ich will versuchen, ob König Ella mir die eine oder andere Ehre erweisen will oder nicht. Es dünkt mich besser, von ihm eine Buße anzunehmen als noch mehr solche unglücklichen Züge zu unternehmen, wie wir jetzt gemacht haben.« Hvitserk sagte, hierin könne er nicht mittun. Ivar aber könne tun, was er wolle: »wir jedoch werden niemals Geldbuße für unsern Vater annehmen.« Ivar antwortete, dann müßten sie sich trennen, und bat sie, das Reich zu verwalten, das sie alle zusammen hätten: »ihr sollt mir aber soviel fahrende Habe senden, wie ich bestimme.« Als Ivar das gesagt hatte, wünschte er ihnen gute Reise, er selbst aber kehrte um zu König Ella. Als er vor Ella kam, begrüßte er ihn ehrerbietig und begann seine Rede: »Ich bin zu dir gekommen und will über einen Vergleich mit dir unterhandeln: Ich erwarte solche Ehre von dir, wie du mir gewähren willst. Denn da ich sehe, daß ich dir nicht gewachsen bin, dünkt es mich besser, von dir die Ehre zu empfangen, die du mir zugestehen willst, als das Leben noch mehrerer meiner Leute oder mein eigenes aufs Spiel zu setzen.« König Ella antwortete: »Viele sagen, es sei nicht geraten, dir zu trauen, du sprächest oft schöne Worte, aber dächtest an Trug und Verrat; es wird schwer für uns sein, vor dir und deinen Brüdern nicht auf der Hut zu sein.« Ivar entgegnete: »Meine Forderungen an dich sind nicht groß, und wenn du sie erfüllen willst, so schwöre ich dir dagegen, daß ich niemals gegen dich streiten will.« Da fragte der König, was er als Buße verlange. »Ich wünsche«, antwortete Ivar, »daß du mir soviel von deinem Land gibst, wie eine Ochsenhaut umspannen kann; außen herum aber soll Untergrund für eine Mauer abgesteckt werden. Mehr verlange ich nicht von dir, aber das sehe ich, daß du mir gar keine Ehre gewähren willst, wenn du mir das abschlägst.« – »Ich sehe nicht ein«, sagte der König, »daß uns dies schaden könnte, wenn du soviel von meinem Land erhältst; gewiß will ich dir das zugestehen, wenn du mir schwörst, nicht wider mich zu streiten; und wenn du mir getreu bist, brauche ich deine Brüder nicht zu fürchten.«

Ivar gründet London. König Ellas Tod

Sie machten also untereinander aus, daß Ivar einen Eid schwor, niemals wider ihn zu kämpfen noch ihm zu schaden – dafür solle er soviel von England erhalten, wie weit die größte Ochsenhaut reiche, die er sich dazu verschaffen könne. Ivar verschaffte sich nun die Haut von einem alten Ochsen, ließ sie einweichen und dreimal ausdehnen. Dann ließ er sie in möglichst schmale Riemen schneiden und die Haarseite von der Fleischseite trennen. Als dies geschehen war, war es ein so außerordentlich langer Riemen, wie niemand für möglich gehalten hätte. Diesen ließ er auf einer Ebene ausbreiten, aber es war eine so große Strecke Landes, daß da Raum für eine Burg war. Außen herum ließ er den Untergrund zu einer sehr großen Burgmauer abstecken. Darauf verschaffte er sich eine Menge Handwerker, ließ auf der Ebene viele Häuser errichten und dort eine große Burg bauen, die wird Lundunaborg geheißen: Sie ist die größte und berühmteste aller Städte in den Nordlanden.

Als die Stadt fertig war, hatte er all seine fahrende Habe vergeben: er war nämlich so freigebig, daß er mit beiden Händen schenkte. Zugleich galt er als so verständig, daß sich alle in ihren Angelegenheiten und Schwierigkeiten an ihn wandten, und er entschied alle Sachen so, wie es jeden am dienlichsten dünkte. Darum war er so beliebt, daß er jedermann zum Freunde hatte. Auch König Ella hatte große Hilfe an ihm bei der Verwaltung des Landes, so daß der König ihn manche Dinge und Beschlüsse ausführen ließ, ohne selbst dabei sein zu müssen.

Als Ivar glaubte, nun auf keine Feindseligkeit mehr zu stoßen, sandte er Boten zu seinen Brüdern, mit dem Auftrag, sie möchten ihm soviel Gold und Silber schicken, wie er verlangte. Als diese Männer zu den Brüdern kamen, meldeten sie ihren Auftrag

und auch wie es jetzt mit ihm stünde. Aber da niemand recht
wußte, über welche listigen Anschläge er brütete, so meinten die
Brüder, daß er nicht mehr dieselbe Gesinnung wie früher hätte.
Sie schickten ihm inzwischen soviel, wie er verlangte.
Als die Boten damit zu Ivar kamen, verschenkte er das ganze Gut
an die mächtigsten Männer des Landes und entzog dadurch
König Ella Gefolgsleute – alle gelobten sich ruhig zu verhalten,
wenn er etwa einen Kriegszug gegen den König unternähme.
Nachdem Ivar sich so ein Heer verschafft hatte, sandte er
abermals Boten zu seinen Brüdern, sie sollten in allen Landen,
die ihnen unterständen, ein Kriegsheer ausrüsten und jeden
Mann fordern, den sie erlangen könnten. Als diese Botschaft zu
den Brüdern kam, verstanden sie sie sogleich und merkten, daß
er jetzt guter Hoffnung wäre, sie würden den Sieg davontragen.
Sie sammelten also Mannschaften in ganz Dänemark und Gautland und in allen den Ländern, über die sich ihre Gewalt er-
streckte, und brachten ein unüberwindliches Heer zusammen,
so daß das ganze Volk draußen war. Darauf steuerten sie mit
ihren Schiffen nach England und fuhren Tag und Nacht, um zu
verhindern, daß die Kunde von ihrer Fahrt ihnen zuvorkäme.
Die Kriegsbotschaft wurde König Ella gemeldet. Da sammelte er
sich ein Heer, erhielt aber nur wenig Leute, weil Ivar ihm viele
entzogen hatte. Ivar zog König Ella entgegen und sagte, er wollte
alles erfüllen, was er geschworen hätte: »aber über das Beginnen
meiner Brüder steht mir kein Einfluß zu; doch das will ich tun,
daß ich zu ihnen gehe und versuche, ob ich sie dahin bringen
kann, daß sie ihr Heer halten lassen und nicht mehr Schaden
anrichten, als sie schon getan haben.«
Ivar begab sich zu seinen Brüdern, reizte sie aber stark auf, aufs
tapferste vorzurücken, und es so schnell wie möglich zu einer
Schlacht kommen zu lassen: »denn der König hat sehr viel
weniger Mannschaft.« Sie aber antworteten, er brauche sie nicht
erst anzufeuern, denn sie hätten noch dieselbe Gesinnung wie
früher. Darauf begab sich Ivar wieder zu König Ella und sagte
ihm, sie wären allzu hitzig und ergrimmt, als daß sie auf seine
Worte hören wollten: »und als ich Frieden zwischen euch ver-

mitteln wollte, schrien sie dagegen. Denn jetzt will ich meinen Eid erfüllen und nicht gegen dich kämpfen, sondern mit meinem Heer ruhig zuschauen – die Schlacht mag zwischen euch verlaufen, wie sie will.«

Da erblickte König Ellas Heer das der Brüder und rückte mit schrecklicher Gewalt vor. Da sprach Ivar: »Jetzt ist es Zeit, König Ella, dein Heer in Schlachtordnung aufzustellen; denn mir ahnt, daß sie dich heftig angreifen werden.«

Sobald die Heere zusammenstießen, kam es zu einer großen Schlacht. Ragnars Söhne aber stürmten kühn vorwärts durch die Schlachtreihen König Ellas und waren so ergrimmt, daß sie nur darauf bedacht waren, so viel Heldentaten wie möglich auszuführen. Diese Schlacht, die heftig und lang war, endete damit, daß König Ella und sein ganzes Heer die Flucht ergreifen mußte, er selbst aber wurde gefangengenommen. Da war Ivar in der Nähe und sagte, man solle ihn folgendermaßen töten: »Nun ist es ratsam«, sagte er, »der Todesart zu gedenken, die er über unsern Vater verhängt hat. So soll denn ein Mann, der besonders geschickt darin ist, mit der Spitze des Schwertes zu stechen, ihm den Aar[1] so tief wie möglich in seinen Rücken schneiden und den Aar mit seinem Blute röten. Der Mann, der zu dieser Arbeit bestimmt ward, tat, wie ihm Ivar gebot. König Ella war schwer verwundet und ließ sein Leben, bevor diese Arbeit vollendet war. Die Brüder glaubten, nunmehr den Tod ihres Vaters gerächt zu haben. Ivar erklärte hierauf, er wolle ihnen das Reich abtreten, das sie alle gemeinsam besäßen, er selbst aber wolle über England herrschen.

---

[1] Diese grausame Bestrafung wird in der älteren Dichtung nur an dem Mörder des Vaters vollzogen: die Rippen wurden vom Rückgrat getrennt und nach vorn gebogen, so daß sie mit dem Brustbein das Bild eines Adlers mit ausgebreiteten Flügeln boten.

Der Tod der Ragnarssöhne

Darauf kehrten Hvitserk, Björn und Sigurd in ihr Reich zurück, Ivar aber blieb da und herrschte über England. Seitdem zog jeder getrennt mit seinem Heer und räuberte in verschiedenen Ländern. Randalin aber, ihre Mutter, wurde eine alte Frau. Einmal hatte ihr Sohn Hvitserk eine Heerfahrt gen Osten unternommen; da kam ihm eine so große Übermacht entgegen, daß er nicht den Schild dagegen erheben konnte und gefangengenommen wurde. Da erwählte er sich die Todesart, daß ein Scheiterhaufen von Menschenköpfen errichtet und er darauf verbrannt werden sollte: So ließ er sein Leben. Als Randalin dies erfuhr, sprach sie folgende Strophe:

> Einen Sohn besaß ich,
> Auf der Ostfahrt starb er;
> Hvitserk hieß er, niemals
> Hat an Flucht gedacht er.
> Der Erschlag'nen Schädel
> War'n sein Scheiterhaufen:
> Diese Todesweise
> Wählte sich der Tapfre.

Und weiter sprach sie:

> Schichten ließ der Schiffsherr
> Schädel auf den Scheiter-
> Haufen, daß des Feuers
> Flammen hochauf sangen.
> Konnt' ein Fürst ein bess'res
> Bett sich unterbreiten?
> Seinen Fall der Feind wollt',
> Hvitserk hochberühmt ist.

Aber von Sigurd Wurm im Auge stammt ein großes Geschlecht

ab. Seine Tochter hieß Ragnhild, die Mutter Harald Schönhaars, der zuerst Alleinherrscher über ganz Norwegen war.
Ivar aber herrschte über England bis an seinen Tod, er starb an Krankheit. Als er auf dem Sterbebett lag, gebot er, ihn dort zu begraben, wo das Reich am meisten feindlichen Überfällen ausgesetzt wäre – denn er hoffte, daß dann die dort Landenden nicht den Sieg davontragen würden. Als er gestorben war, geschah, was er befohlen hatte, und er wurde dort in einem Grabhügel bestattet. Viele Männer erzählten, daß König Harald Sigurds Sohn, als er nach England kam, dort landete, wo Ivar begraben lag – auf diesem Zug fiel er wirklich[1]. Und als Wilhelm der Eroberer ins Land kam, zog er hin, erbrach den Grabhügel Ivars und sah Ivar noch unverwest – da ließ er einen großen Scheiterhaufen errichten und Ivar darauf verbrennen. Darauf ging er ans Land und gewann den Sieg. Björn Eisenseite hatte zahlreiche Nachkommen, von ihm stammt ebenfalls ein großes Geschlecht: das des mächtigen Häuptlings Thord, der zu Höfdi am Höfdastrand wohnte.
Aber als Ragnars Söhne alle gestorben waren, zerstreute sich das Heer, das ihnen gefolgt war, nach verschiedenen Richtungen – alle, die unter Ragnars Söhnen gedient hatten, dünkten sich mehr wert zu sein als andre Häuptlinge. Unter ihnen befanden sich zwei Männer, die weit durch die Lande zogen, zu suchen, ob sie einen Häuptling fänden, dem sie ohne Schande dienen könnten; doch zogen sie beide nicht denselben Weg.

Von zwei Männern, die unter Ragnars Söhnen gedient hatten

Es trug sich im Ausland zu, daß ein König, der zwei Söhne hatte, krank wurde und starb. Seine Söhne aber, die ihm die Totenfeier halten wollten, luden zu diesem Fest alle Männer ein, die in den nächsten drei Wintern davon erführen. Das Gerücht davon verbreitete sich weit über die Lande, und in diesen drei Wintern

---

[1] Harald der Harte fiel in der Schlacht bei Standfort – Bridge 1066.

trafen sie die Vorbereitungen zu dieser Gasterei. Als nun der Sommer, in dem die Totenfeier stattfinden sollte, und die bestimmte Stunde kam, kamen so viele Gäste, daß keiner ihre Zahl kannte; sie füllten viele stattliche Hallen und außerdem viele Baracken draußen. Spät am Abend des ersten Tages kam ein Mann in diese Halle, der war so groß, daß keiner an Größe ihm gleich war; an seinen Gewändern sah man, daß er unter vornehmen Männern gedient hatte. Als er in die Halle kam, trat er vor die Brüder, begrüßte sie und fragte, wo sie ihm seinen Sitz anwiesen. Er machte einen guten Eindruck auf sie, und sie forderten ihn auf, auf der obersten Bank Platz zu nehmen. Er brauchte den Raum von zwei Männern. Sobald er sich niedergelassen hatte, wurde ihm zu trinken gebracht wie den andern Männern – aber kein Trinkhorn war so groß, das er es nicht mit einem Zuge leer trank. Alle fanden, daß er jeden andern nicht für voll ansah.

Da geschah es, daß noch ein andrer Mann zu dem Fest kam, der war noch größer als der erste. Diese Männer trugen tiefherabreichende Hüte. Als dieser Mann vor den Hochsitz der jungen Könige trat, begrüßte er sie mit Anstand und bat sie, ihm einen Sitz anzuweisen. Sie erwiderten, er solle unterhalb des ersten Unbekannten auf der obersten Bank sitzen. Da ging er auf seinen Sitz zu, und beide zusammen nahmen einen so großen Raum ein, daß fünf Männer für sie hatten die Sitze räumen müssen. Doch war der erste Ankömmling dem zweiten im Trinken unterlegen. Denn der zweite Fremde trank so schnell, daß er fast alle Trinkhörner mit einem Zug leerte, und doch konnte man nicht merken, daß er trunken wurde; eher zeigte er sich herausfordernd gegen seine Nebenmänner und drehte ihnen den Rücken zu.

Der erste Ankömmling erklärte, sie sollten jetzt ihr Wettgespräch haben »und zwar will ich beginnen«. Damit streckte er die Hand gegen ihn aus und sprach diese Strophe:

> Künd von deinen tapfern
> Taten – danach frag ich:
> Wo sahst du den Raben

> Satt von Blut sich wiegen?
> Ließest frei dich halten
> Lieber auf dem Hochsitz,
> Als daß du den Adlern
> Männer gabst zum Mahle.

Der tiefer Sitzende fühlte sich durch diese Anrede herausgefordert und erwiderte folgende Strophe:

> Still, du Stubenhocker!
> Stoffel, du elender!
> Nie hast du geleistet,
> Was ich nicht auch leiste.
> Nie dem Wolf gabst Nahrung
> In dem Spiel der Speere,
> Letztest nie seine Lefzen[1] –
> Also, wozu lügst du?

Da erwiderte der erste Ankömmling:

> Durch die Brandung brach der
> Bug von unserm Seeroß,
> Unsre Brünnen waren
> Blaß vom roten Blute.
> Auf riß der Wolf den Rachen
> An dem Nacken der Recken;
> Satt der Adler wurde –
> Wir gewannen Gold uns.

Hierauf sprach der später Gekommene:

> Keinen von euch sah ich,
> Als wir offen fanden
> Heilavag den Busen
> für der Brandung Hengste[2].

---

[1] D. h. Du gabst nie dem Wolf auf der Walstatt Blut zu trinken.
[2] = Schiffe.

Wiederum sprach der zuerst Gekommene:

> Uns will's nicht geziemen,
> Beim Gelag zu zanken,
> Welcher von uns kühner
> Kämpfte als der andre.
> Du standst, wo die Woge
> Trug das Schiff über's Wasser,
> Ich saß, wo die Raa trieb
> Den roten[1] Steven zum Hafen.

Darauf antwortete der, der zuletzt gekommen war:

> Björn wir beide folgten,
> Wenn die Bleie blitzten[2],
> Ab und zu auch Ragnar[3],
> Wußten uns als Recken;
> War beim Männermorden
> In Bulgariens Mitte.
> Ward dort auch verwundet –
> Rück herauf, dir weich ich.

Da erkannten sie sich endlich wieder und nahmen weiter am Gastmahl teil.

Der Holzmann

Ögmund hieß ein Mann, er wird Ogmund der Däne genannt. Er war einmal mit fünf Schiffen auf der Fahrt und ankerte bei der Samsey im Munarvag. Es wird erzählt, daß seine Köche an Land gingen, Speise zu bereiten; die andern Männer aber gingen in den Wald, sich zu vergnügen. Dort fanden sie einen alten Holzmann, der war vierzig Fuß hoch und mit Moos bewachsen. Doch konnten sie sich eine Vorstellung von seinem Aussehen machen

---

[1] D. h. Blutig.
[2] D. h. In jedem Kampf.
[3] Bevor wir bei Björn waren, war eine Zeitlang Ragnar unser Führer.

und warfen untereinander die Frage auf, wer wohl diesem großen Gott geopfert habe. Da sprach der Holzmann:

> Lang ist es her,
> Daß Höklings[1] Leute
> Zur Heerfahrt ritten
> Auf Rollenrossen[2]
> Weit auf dem salzigen
> Weg der Lachse[3]:
> Da ward ich Herr
> Der Höh, der baumlosen.
>
> Und darum setzten
> Die Seekrieger mich,
> Lodbroks Söhne,
> Im Süd an den Strand:
> Da empfing ich Opfer,
> Das Volk zu erschlagen
> Auf der Insel Samsey
> Südlichen Küste.
>
> Sie hießen mich stehen,
> So lange der Strand hält;
> Im Dornengewirr,
> Bewachsen mit Moos:
> Jetzt trieft auf mich
> Die Träne der Wolke[4];
> Nicht Haut noch Gewand
> Wird mir helfen[5].

Dies kam den Männern wunderbar vor, und sie erzählten später andern Männern davon.

[1] Der Seekrieger Hökling hatte den König Ögvald auf Ögvaldsnes (auf Karmö) erschlagen. Ein Isländer vernahm aus Ögvalds Hügel diese Strophe. Unser Erzähler faßte wohl »Ögvalds Leute« als dichterische Umschreibung für »Lodbroks Söhne« auf.
[2] Das Roß der Schiffsrollen ist das Schiff selbst.
[3] Weit auf dem salzigen Weg der Lachse = Weg der Fische = Meer.
[4] D. h. Der Regen.
[5] Das holzgeschnitzte Menschenbild klagt also, daß es schutzlos dem Wasser preisgegeben sei

TERRA-X

Den Geheimnissen der Erde auf der Spur

Gottfried Kirchner
**Terra-X
Rätsel alter Weltkulturen**
19/54

Gottfried Kirchner
**Terra-X
Mumien, Magier, Meuterer**
19/375

Gottfried Kirchner
**Terra-X
Vulkane, Wüsten und Ruinen**
19/392

Im Hardcover:

Gottfried Kirchner (Hrsg.)
**Terra-X
Expeditionen ins Unbekannte**
Schatzsucher, Ritter und Vampire
40/305

19/392

Heyne-Taschenbücher